雄安新区：地理、历史与文化

彭秀良　马景文　著

華東理工大學出版社
EAST CHINA UNIVERSITY OF SCIENCE AND TECHNOLOGY PRESS
·上海·

图书在版编目(CIP)数据

雄安新区：地理、历史与文化/彭秀良，马景文著．
—上海：华东理工大学出版社，2019.3
ISBN 978－7－5628－5680－1

Ⅰ．①雄…　Ⅱ．①彭…②马…　Ⅲ．①雄安新区—概
况　Ⅳ．①K922.22

中国版本图书馆 CIP 数据核字(2018)第 289084 号

内容提要

党的十九大报告提出："以疏解北京非首都功能为'牛鼻子'推动京津冀协同发展，高起点规划、高标准建设雄安新区。"这为雄安新区的规划建设指明了方向。

雄安新区所在区域属于湖泊与平原兼具的地貌类型，自然风光秀美；又有着深厚的历史文化积淀，底蕴丰富。本书力图全面挖掘和展示雄安新区的地理、历史和文化状况，兼及经济和社会发展，争取打造成关于雄安新区的一本基础性读物。全书分为"自然地理环境""行政区划沿革""历史演进轮廓""经济社会发展""人文地理景观""地域文学艺术"和"建设千秋之城"等七章，结构错落有致，条理清晰自然。

本书使用通俗化的语言进行书写，同时具有一定的学术性，努力做到知识性、学术性和趣味性的统一。全书尊重历史事实，引用数据准确，既有对历史的回顾，又有对未来的展望，架起了一座沟通历史与未来的桥梁。

项目统筹 / 刘　军
责任编辑 / 刘　军
装帧设计 / 徐　蓉
出版发行 / 华东理工大学出版社有限公司
地址：上海市梅陇路 130 号，200237
电话：021－64250306
网址：www.ecustpress.cn
邮箱：zongbianban@ecustpress.cn
印　　刷 / 上海四维数字图文有限公司
开　　本 / 890 mm×1240 mm　1/32
印　　张 / 6.25
字　　数 / 146 千字
版　　次 / 2019 年 3 月第 1 版
印　　次 / 2019 年 3 月第 1 次
定　　价 / 48.00 元

目　录

前　言

2017年4月1日，中共中央、国务院宣布设立河北雄安新区，并指出这是以习近平同志为核心的党中央作出的一项重大的历史性战略选择，是继深圳经济特区和上海浦东新区之后又一具有全国意义的新区，是千年大计、国家大事。将雄安新区与深圳经济特区和上海浦东新区相提并论，反映出雄安新区的地位非同一般，因而也引发了人们的广泛议论和关注。

设立河北雄安新区的消息发布不久，我们就接到了《北京规划建设》杂志的约稿邮件，要我们对雄安新区的规划建设贡献一点意见。于是，我们便驱车赶往白洋淀地区进行实地考察，并搜集和阅读了大量的文献资料，最后写出了一篇题为"雄安新区：理想愿景或为中国式田园城市"的文章。又过了一些时日，天津市问津书院理事长王振良先生提出，撰写一本全面介绍雄安新区基本情况的书，以供有兴趣的读者深入了解雄安新区之用。本着认真负责的态度，我们又进行了大量的文献检索，并数次前往雄安三县实地走访，不仅获得了直观的感性认知，而且构思出全书的整体结构。

本书从雄安新区的自然地理环境开始着笔，试图描绘其历史文化脉络。文脉不能脱离特定的自然地理环境，因为自然地理环境是人类文明产生和发展的物质基础。文化是人类所特有的，是人类对所处自然地理环境认识和适应的一种表现。不同类型的自然地理环境，会产生不同形式的文化表象，其差异就如同诗意江南和粗犷塞北那般明显。故而，我们在阐述雄安新区的文脉时，首先要厘清它所处的自然地理环境。

然后，我们的笔触沿着雄安三县的行政区划沿革、历史演进轮廓、经济社会发展、地域文学艺术滑行，让读者跟随雄安新区历史文化发展的轨迹，循序渐进地深入其强劲肌体的内部，完成一次探幽之旅。为了使感兴趣的读者形成直观的感性认知，我们又特意撰写了“人文地理景观”一章，将雄安新区优美的北方水乡风光与厚重的历史古迹结合起来，引导人们去探寻它的灵动之美、沧桑之感。

雄安新区如何规划建设，更是人们关注的热点。2018 年 4 月 14 日，中共中央、国务院下发关于对《河北雄安新区规划纲要》的批复，又引发了新一轮的舆论热潮。《河北雄安新区规划纲要》是在中共中央领导下，河北省、京津冀协同发展领导小组办公室会同中央和国家机关有关部委、专家咨询委员会等方面编制的。这份文件是指导雄安新区规划建设的基本依据，规划期限至 2035 年，并展望 21 世纪中叶发展远景。我们根据这份文件，补充和丰富了一些内容，使本书更加厚实，更加富有深度。

2018 年“五一”小长假期间，占地面积 24.24 万平方米，建筑面积 10 万平方米，承担着政务服务、展示交流、企业办公、会议培训等多项功能的雄安市民服务中心吸引了众多游人的目光。作为“雄安基建第一标”，雄安市民服务中心对于打造未来之城具有十分重要的样板意义，基于此项目提炼出成熟的管理平台、制度规范、运营标准，将来可以复制推广到其他片区，实现管理的快速复制。

尽管《河北雄安新区规划纲要》已然发布，雄安市民服务中心也已经建成，但现在的雄安新区依然近乎一张“白纸”。考虑到人们对雄安新区这座未来之城的憧憬心理，我们最后增加了“建设千秋之城”一章，力图描绘雄安新区的城市远景。

可以说，本书是在“以疏解北京非首都功能为‘牛鼻子’，推动京津冀协同发展，高起点规划、高标准建设雄安新区”的时代大背景下，由天津市问津书院策划和推动才得以完成的。我们谨以诚惶诚恐的态度对待写就的文字，献出我们绵薄的力量。

彭秀良　马景文

2019 年 1 月

第一章

自然地理环境

自然地理环境是人类文明产生和发展的物质基础。坐落于河北平原上的雄安新区地貌类型比较单一，以积水洼地与湖成平原为主，陆地与水面相谐成趣，构成了“北方江南”的水乡景致。

一、自然地理概况

雄安新区坐落于广袤的河北平原上。在雄安新区规划建设的 1 770 平方千米范围内，平原面积占 4/5 强，水域面积占 1/5 弱，海拔在 7—19 米。

▲ 地理位置与概况

雄安新区地处北京、天津、保定腹地，距北京、天津均为 105 千米，距石家庄 155 千米，距保定 30 千米，距北京新机场 55 千米(见图 1.1)。雄安新区包括河北省雄县、容城县、安新县等 3 县行政辖区(含白洋淀水域)，原属任丘市的鄚州镇、苟各庄镇、七间房乡和原属高阳县的龙化乡，规划面积 1 770 平方千米。截至 2015 年年底，雄安新区总人口 125 万人，其中雄县 39 万人、容城县 27 万人、安新县 47 万人、其他 4 个乡镇 12 万人。远期规划人口为 200 万～250 万人。

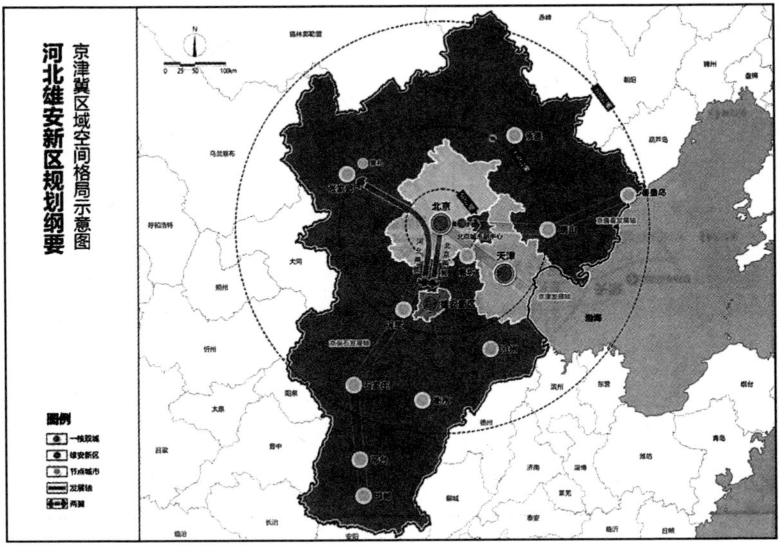

图 1.1　京津冀区域空间格局示意

资料来源：《河北雄安新区规划纲要》。

雄安新区区位优势明显、交通便捷通畅、生态环境优良、资源环境承载能力较强，现有开发程度较低，发展空间充裕，具备高起点、高标准开发建设的基本条件。

▲ 地形与水系

雄安新区位于河北平原的中部，以平原地形为主。河北平原位于太行山以东、燕山以南，是华北平原的一部分，属于洪积—冲积平原，其形成是与大清河水系变迁与古黄河的冲击作用分不开的。河北平原地势起伏平缓，包括积水洼地、湖成平原以及河漫滩，呈不连续的带状分布，其中白洋淀是典型的积水洼地。

大清河是海河的 5 条主要支流之一（海河水系由北运河、永定河、大清河、子牙河、南运河组成）。大清河的支流很多，长度在 10 千米以上的河流共有 79 条，绝大部分发源于太行山脉的东麓，源短流

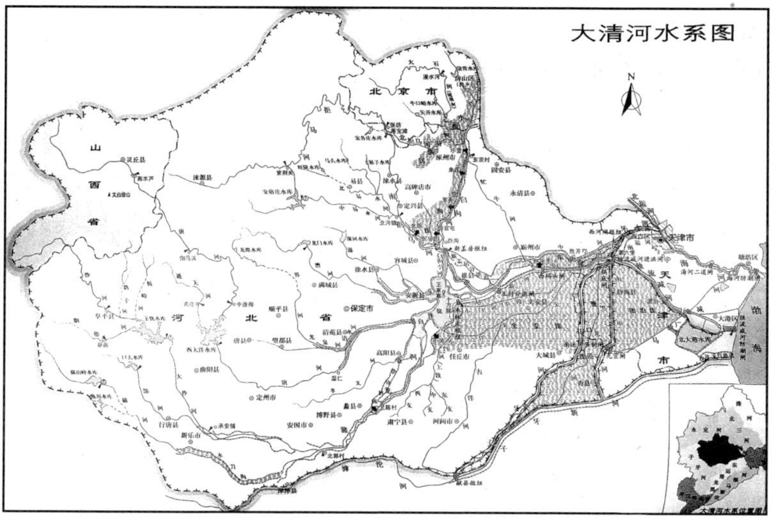

图 1.2　大清河水系示意

资料来源：海河水利委员会，1974 年。

急，河系呈扇形分布。大清河水系主要流经河北省保定、石家庄、沧州、廊坊等 4 个地区和北京市、天津市等地，全长 448 千米(见图 1.2)。

大清河水系分为南北两支。大清河北支为拒马河，发源于河北省涞源县的涞山，东北流经紫荆关向北至河北省涞水县境转而向东，流经北京市房山区张坊镇后又进入涞水县境内，至千河口分为两条小支流。北支流名北拒马河，先后有胡良河、挟括河、琉璃河及小清河汇入，流至河北省涿州市义合庄乡东茨村改名为白沟河。南拒马河在河北省定兴县北河店附近纳入北易水和中易水，至白沟镇与白沟河汇合，始称为大清河。大清河在雄县新盖房枢纽工程附近又分为三股，即引河、灌河(原大清河道)和分洪道。若上游汛期来水量小于 500 立方米/秒时，大清河水由白沟引河下泄入白洋淀。

大清河南支包括由磁河和沙河等汇集而成的潴龙河以及唐河、萍河、府河、漕河、瀑河、方顺河等。潴龙河是大清河南支的主要行洪河道，由沙河、磁河及孟良河在河北省安平县马店镇北郭村汇流后称潴龙河，东北流注入白洋淀。唐河发源于山西省浑源县，在河北省安新县同口镇韩村流入白洋淀。

▲ 气候与植被

雄安新区属于温带大陆性季风气候区，大陆性气候特点显著，春季干燥多风、夏季炎热多雨、秋季天高气爽、冬季寒冷少雪，可谓四季分明。以 1981 年至 2010 年的历史数据来看，雄县年平均气温为 12.7℃、容城县为 12.6℃、安新县为 12.3℃；雄安三县的冬季平均温度为 -2.3℃，年平均高温日数（日最高气温超过 37℃）为 3.2 天。依据 1961 年至 2016 年的监测数据，雄安新区年平均气温正以每 10 年 0.1℃～0.3℃的幅度在升高，但气温增幅要低于周边地区，白洋淀在一定程度上遏制了当地的变暖趋势。

雄安新区多年平均降水量为 600～800 毫米，年径流深 100～400 毫米。受降水季节分配的影响，径流的年内分配较集中，年径流 70%左右集中于汛期，其他季节水量很小，冬春两季各占年径流的 10%。

图 1.3 落叶阔叶林景观
（杜书锋/摄）

雄安新区属于暖温带落叶阔叶林带，典型植被是落叶阔叶林。因开垦历史悠久，自然植被遭到破坏，几乎不存在天然森林。在村庄附近、河岸、路边有栽培的树木，常见的有槐、刺槐、臭椿、榆树、旱柳、加拿大杨、梧桐、合欢、侧柏、梨树、枣树、杏树等（见图 1.3）。白洋淀淀区有自然生长的草本植物群落，常见的有芦苇、莲、菱、野慈姑、菖蒲等。

二、“华北之肾”白洋淀

> 河北省中部，大清河南支中游有个白洋淀。它是以白洋淀为主的143个大小淀泊由密如蛛网的水道串联而成，四周有围堤。堤内淀泊相连，洪水时宛如一湖；水道在纵横的冈地间来回穿插，又若水上迷宫。白洋淀水面年际变化大。洪水年水位涨至10米以上时，面积达355平方千米；枯水年水位降至6.5米时，面积只有70平方千米。1965年以来，由于气候干旱和上游工农业用水激增，入淀水量锐减，以致多次干淀。其中1984—1988年连续干涸4年。后采取从上游水库调水补给和引黄济淀等措施，缓解了白洋淀缺水危机。
>
> 白洋淀是河北省最大的淡水湖，对缓洪滞洪、补充周边地区地下水、维护京津地区生态环境有着不可替代的作用，被称为“华北之肾”。它是华北地区最大的淡水鱼和芦苇产地。[1]

雄安新区的选址，白洋淀较为丰富的水资源和优美的自然环境显然是一个重要的考量。白洋淀位于东经115°45′～116°06′、北纬38°44′～38°59′间，总面积366平方千米（不是前引杨伯震书中所说的355平方千米），是华北平原最大的淡水湖泊。淀区主要由白洋淀、马棚淀、藻苲淀等大小不等的143个淀泊（“淀”是浅水湖泊的地方名称，“泊”则是蓄水的洼地）和3 700多条沟壕组成，以水体为主，水域间有苇田、台地、村庄，三者交错相间，素有“华北明珠”的美称。

---

1 杨伯震：《中华万里疆域：中国省区地理新编》，人民教育出版社2010年版，第22页。

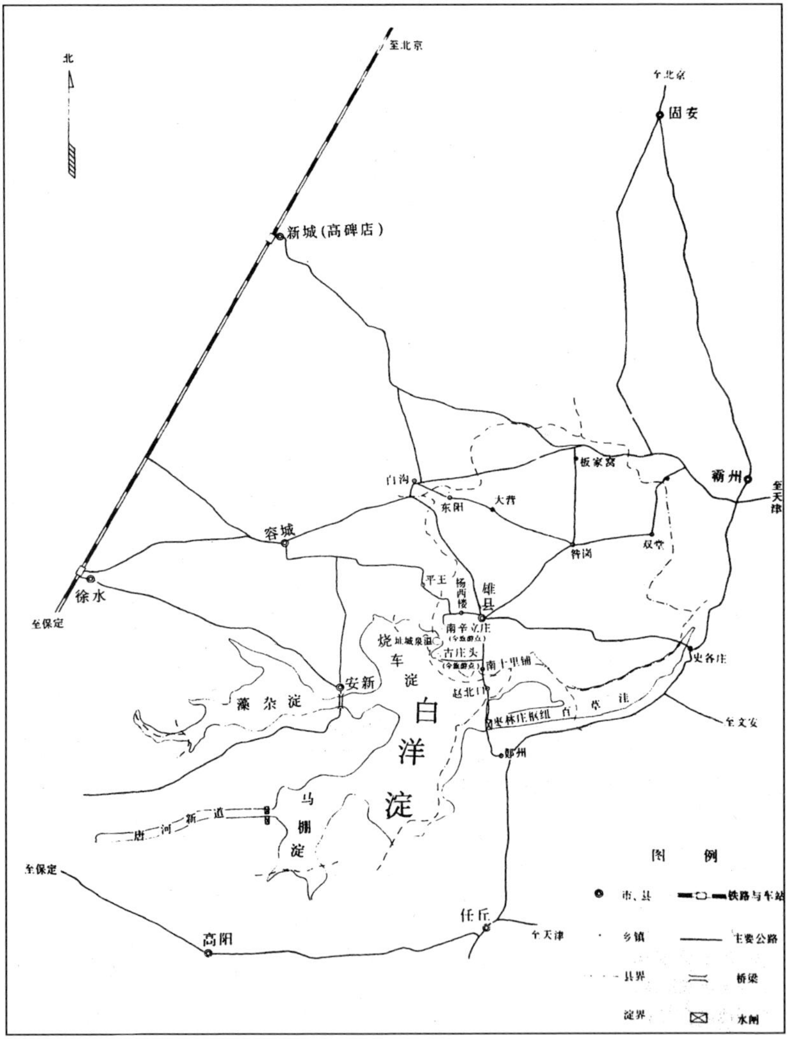

图 1.4　白洋淀地理位置示意

资料来源：《雄县志》。

▲ 地理位置

白洋淀位于永定河冲积扇与滹沱河冲积扇相夹峙的低洼地区，为积水洼地（见图 1.4）。它从北、西、南主要承接萍河、瀑河、漕河、府河、清水河、唐河、孝义河、潴龙河来水。为增加白洋淀水量来源，20 世纪 70 年代从雄县新盖房开挖白沟引河，大清河水从白沟引河进入白洋淀，所以白洋淀又有“九河末梢”之称。白洋淀水经过雄县枣林庄枢纽流入东淀，经赵王新河、大清河汇入海河，最终注入渤海。

白洋淀周边有 3 个县，分别是安新县、容城县、雄县。白洋淀 85％的水域在安新县境内，因而白洋淀旅游景区也主要在安新县境内。

▲ 白洋淀的形成过程

白洋淀位于新生代（距今 6 500 万年）以来由差异性断陷下沉所形成的冀中坳陷之中，东邻沧县隆起，西抵太行山隆起。新第三纪（距今 2 330 万年～距今 164 万年）以前，这种坳陷的古谷盆地地貌，控制着当时白洋淀的轮廓与沉积特征。至新第三纪晚期，坳陷盆地渐趋填平。进入第四纪（下限年代距今 258 万年）之后，已形成波状起伏的平原地貌。由于太行山山前冲积—洪积扇群的形成，致使扇与扇之间的低洼地区沥水停积，遂潴而为淀。整个第四纪期间，气候的冷暖波动，海陆的进退交绥，使得古白洋淀的水域面积时而扩张，时而收缩。大约从一万年前开始的全新世，虽然只是一个短暂的地质时期，但白洋淀同样又经历了一个兴起、扩张与收缩的演变过程。

中晚全新世（距今 6 000 年前后）期间，河北平原东部发生海浸，海面上升，河流排水不畅。同时，气候潮湿多雨，河水增加，从而使白洋淀水域扩张到最大范围——北起永清、霸州、雄县、容城，西至保定、清苑、望都、定州，南至安国、博野、肃宁、河间，东面与古文安洼水域相连。此时的白洋淀，就开始有人类在周围定居。

晚全新世(距今 2 500 年)气候转向干旱，雨量变小，白洋淀水域范围收缩，局部干涸，水域连片的古白洋淀逐步解体。有些学者认为，古白洋淀的退缩解体还与古黄河在商(殷)、周时期曾长期流经白洋淀区域，由接近潴龙河、大清河一线至天津入海有关。古白洋淀退缩解体的晚全新世，正值历史上的春秋战国时期，白洋淀附近即有了虢邑。《左传》载昭公七年(公元前 535 年)春正月“齐侯次于虢”。这里讲到的“虢”，据《读史方舆纪要》的注解“在河北任丘县西十七里”。战国时期这里又有鄚邑、狸邑。约公元前 334 年至前 311 年，燕国为了防御秦、赵、齐的入侵，修筑了南长城。这条长城始于今天的河北省易县西南，向东经定兴、徐水、安新、任丘而终于文安东南，全长 250 余千米。今白洋淀北部的新安北堤，旧称“长城堤”，相传是燕南长城遗址。当时修筑易水长城尽管是出于军事防御的需要，但它对古白洋淀形成所发生的重要影响也是不能低估的，从此奠定了白洋淀自古至今的北界。

到西汉时期(公元前 206 年至公元 25 年)，在退缩的白洋淀边置县，设有鄚(今河北省雄县鄚州镇)、阿陵(今河北省任丘市陵城)、高蠡(今河北省高阳县、蠡县)等。东汉末年，曹操为了统一北方，出于军需运输的需要，开凿了白沟水渠、平虏渠、利漕渠、白马渠、鲁口渠，推动了现今海河水系的形成，所以东汉以后白洋淀的变化，受自然条件和人为因素的影响比较明显。

今日白洋淀格局的形成，要追溯到北宋时期。当时宋辽对峙，两国以白沟河沿线(相当于今天的大清河及海河一线)为边界。为了抵御辽兵的进攻，北宋朝廷采纳沧州节度副使何承矩(946—1006)的建议，构筑“塘泊防线”。宋太宗淳化四年(993年)三月，征调河北诸州 1.8 万人在边界开塘泊蓄水。沿雄州、嵣州、霸州及平戎军(治所在今河北省文安县西北)、破虏军(治所在今河北省霸州市信安镇)、顺安军(治所在今河北省安新县安州镇)一带修筑堤埝 300 多千米,开泊合淀,“自霸州引滹沱水灌之”,水“深不可行舟,浅不可涉渡”。既灌溉屯田水稻以充军需,又限制契丹骑兵以拒敌。宋真宗咸平至景德年间(998—1007),在宋辽边界进一步开修塘泺,汇聚缘边诸水形成一条东起沧州、西至保定的“塘泊防线”。《宋史·河渠志·塘泺》记载:“东起雄州、西至顺安军,合大莲花淀、洛阳淀、牛横淀、康池淀、畴淀、白羊淀为一水,……东起顺安军,西至保州,合齐女淀、劳淀为一水,……曰西塘泊。”从上述记载中,我们知道了白洋淀原名为白羊淀,《宋史·河渠志·塘泺》是我们发现最早记录白洋淀名称的史籍。北宋“塘泊防线”的修筑,为今天白洋淀基本格局的形成及自然生态环境奠定了基础(见图 1.5)。

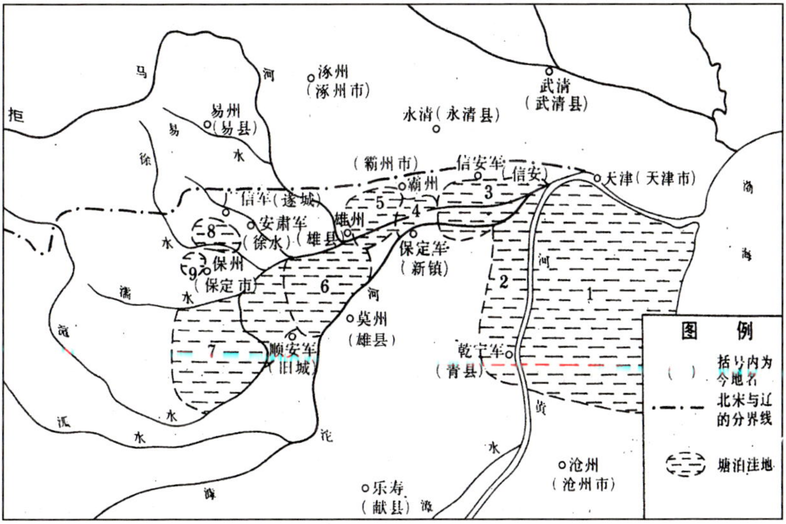

图 1.5　北宋塘泊防线位置示意

资料来源:《白洋淀环境演变及预测》,第 58 页。

▲ 白洋淀的堤防

白洋淀四周主要以堤坝为界，东至千里堤，西至四门堤，北至安新北堤，南至淀南新堤，总长度为 283 千米。但是，这些堤坝不是一次性修筑的，而是经历了几个朝代，历时上千年的时间修筑而成。有诗曰："宋开塘泊起雏形，明清相继规模成。景观还是今日好，杨柳丛中舞长龙。"

《新唐书·地理志》记载，"莫州有九十九淀"。"莫"为当时莫州文安郡莫县，也就是今天的任丘市城区北面一带，其位置大体上相当于今天白洋淀东北部水域。由此可见，唐代以前的白洋淀保持着天然的面貌，尚未经过人工治理。

北宋时期修筑的"塘泊防线"侧重于东西走向，目的是抗御辽兵的入侵。宋仁宗时的任丘知县唐介(1010—1069)看到白洋淀洪水经常泛滥，毁坏农田，亲自主持修筑了一道堤防，百姓称之为"唐堤"。唐堤为南北走向，成为后来千里堤的前身。唐堤的主要作用是防止淀水东溢任丘，为患农田，然而它无意成了白洋淀的东界。这道堤防为白洋淀湖盆的形成起了决定性的作用。唐堤和长城堤的接轨，构成了白洋淀的东边、北边两道界线。所以后人说：白洋淀既是一项重大的军事工程，也是一项庞大的水利工程，是在天然基础上人工治理的结果。

明代，白洋淀几度干涸。据记载，明成祖朱棣(1360—1424)曾带兵在留通淀、荷花淀筑台田；弘治元年(1488 年)，白洋淀淤积，并可耕种，中间(光淀北)辟为牧马场，白洋淀彻底干涸。到了正德年间(1505—1521 年)，杨村河(潴龙河)决口，水患巨大、民田尽没，白洋淀重新蓄水，出现了"汪洋浩渺，势连天际"的景观。于是，将牛羊的"羊"字，换成了汪洋的"洋"字。后来，为防止洪水的泛滥，在白洋淀的南端入口处，修筑了堤防数十里，它是后来淀南堤的前身，成了白洋淀的南界。

清代加速了白洋淀堤防的治理。康熙五年(1666 年),直隶巡抚“发币万金”在安州筑堤 120 里。康熙三十五年(1696 年),命原河道总督王新勘查各处堤工,派内阁学士观保修筑坚固。又 3 年,命直隶总督吴赫“出资效力”,修筑新安堤工。雍正三年(1725 年),怡亲王允祥(1686—1730)总理京畿水利。他们提出,“治直隶之水,必自淀始。凡古淀之尚能存水者,均应疏浚深广,并多开引河,使淀之相通。其已淤为田畴者,四面开渠,中穿沟洫,洫达于渠,渠达于淀。而以现有淀内之河身疏瀹通畅,为众流之纲。经纬条贯,脉络相通,泄而不竭,蓄而不盈”。这段话的意思是,凡能存水的古淀,都疏通开掘,使之宽广,并多开引河,使淀淀相通;对已经淤为平地的地方,要四面开渠,中部要开河沟,使渠河相连,河淀相通,并将淀内原有河道疏通,形成网络,经纬条贯,脉络交通,水长流而不枯竭,水多时也不会泛滥。他们还对环淀的原有堤坝增修加高,没有堤防的地方,根据情况修筑了堤防,从而使白洋淀的水患得到控制(见图 1.6)。

清光绪六年(1880 年),任丘知县赵秋亭修筑千里堤,直隶总督奏请朝廷拨赈米 6 000 石,江苏义赈局助赈银 3 万余两,修筑了任丘境内千里堤“七十二里有奇”。堤基五丈,顶一丈,高九尺。以后,又多次修筑白洋淀周围堤埝,使之成为长堤环绕的北方湖泊。

▲“白洋淀”名称的由来

白洋淀最早见于文字记载,是在西晋时期词赋家左思(250—305)所写的《魏都赋》中。赋中写道:“至于山川之卓诡,物产之魁殊,或名奇之见称,或实异而可书……其中侧有鸳鸯交谷,虎涧龙山,掘鲤之淀,盖节之渊。”唐代文人李善注曰:“掘鲤之淀”在“河间莫县之西”,其位置与今天白洋淀的位置完全相符。由此我们可以知道,在晋代白洋淀曾有过“掘鲤淀”的名字。

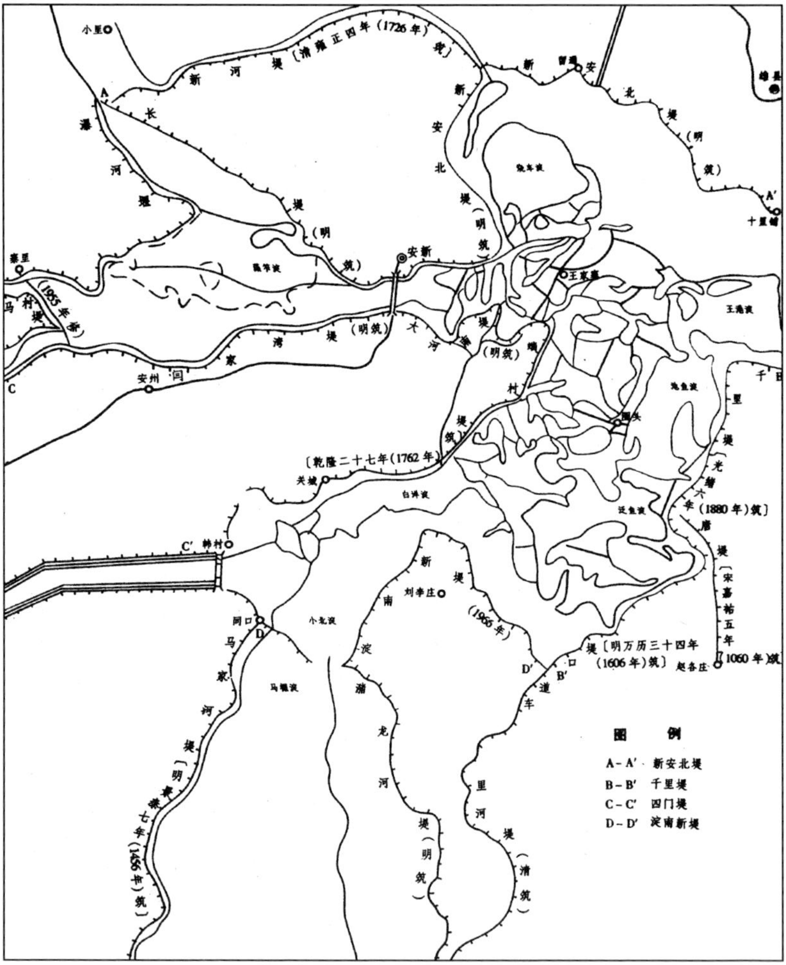

图 1.6　白洋淀堤堰分布

资料来源：《安新县志》，第 119 页。

北魏时期的地理学家郦道元（约 470—527）在《水经注 · 易水》中记载：“易水又东，埿水注之，水上承二陂于容城县东南，谓之大埿淀、小埿淀。其水南流注易水，谓之埿洞口。水侧有浑埿城，易水经其南，东合濡水。”这里所谓的“大埿淀、小埿淀”就是今天的“大王淀”和“小王淀”，“埿洞口”即今河北省安新县同口镇，“浑埿城”就是现在的安新县城。

北宋“塘泊防线”筑成后，开始出现“白羊淀”的称呼。当时的白洋淀水域，西至清苑（今河北省保定市清苑区），东南到任丘、文安、徐水。这么大的水域，每逢大风卷起层层波浪时，宛如一群白羊前拥后挤地奔跑，这才有了“白羊淀”的称呼。但是，最初“白羊淀”这个称呼仅是指今安新县端村、淀头以南、圈头以西的水域，因其面积最大，再后来以其名指代雄州以西的诸淀泊，也被称作“西淀”。《宋史 · 河渠志》记载了当时主管缘边塘泊的太监杨怀敏于庆历五年（1047 年）给宋仁宗的密奏：“知顺安军刘宗言闭五门、幞头港、下赤、大涡、柳林口，漳河水不使入塘，臣已复通之，令注白羊淀矣。”可见，当时“白羊淀”已成为雄州以西诸淀的总称了。晚清拔贡伊人镜写过一首题为“西淀风荷”的诗，诗句为：

露华浓浥芰荷香，水面风鳞趁早凉。
先问问源亭畔路，好催双桨出横塘。

伊人镜的“西淀”是指整个白洋淀淀区。清康熙十八年（1679 年）暮春，康熙皇帝巡幸至莫州，即兴吟成“白洋湖”诗一首：

遥看白洋水，帆开远树丛。
流平波不动，翠色满湖中。

康熙皇帝的“白洋湖”亦是指西淀。清乾隆二十八年（1763年），正式划定了东、西淀的界限，“大清河自雄入，迳张青口，口西西淀，口东东淀。”张青口在雄县龙湾镇境内，是大清河的一个重要分界口。宣统元年（1909 年）出版的《中国近世舆地图说》，在保定府幅中将今天的白洋淀全部注记为“白阳淀”，虽然“阳”“洋”有区别，但这充分证明，从 20 世纪初开始，“白洋淀”便具有了今天广义的概念（见图 1.7）。

图 1.7 开阔的白洋淀水面

（刘贺军/摄）

▲ 白洋淀的干涸与补水

作为华北平原最大的淡水湖泊湿地，白洋淀在缓洪治涝、蓄水灌溉、调节小气候和维护生态环境平衡等方面具有重要的作用。在 20 世纪 50 年代初，白洋淀水域面积为 561.1 平方千米。20 世纪 60 年代以来，在气候条件和人类活动的强烈干扰下，白洋淀流域入淀的地表径流量不断减少，淀区的水资源量大幅度减少，干淀现象频繁发生；由于用水量的不断增加，大量生活污水和工业废水流入，水环境受到严重威胁。白洋淀流域水量的减少和水质的恶化，使得流域的生态功能降低，进而影响流域的社会经济发展和生态环境安全。

从 1983 年开始，白洋淀连续 5 年干淀，使白洋淀水乡风光大减，淀区群众生活困难，野生动物资源遭到破坏，生态系统变得非常脆弱。1988 年是丰水期，年降水量 924.1 毫米，上游水库放水量加大，淀中水量增加，白洋淀才又重新恢复了生机。

为了缓解白洋淀的干淀危机，1981 年起开始给白洋淀补水，"引水济淀"成为一项重大决策。1981—1999 年，从流域上游的王快水库、西大洋水库、安各庄水库补水 8 次，共补水 2.26 亿立方米，年平均补水 1.13 亿立方米；2000 年至 2010 年，11 年间从上游三大水库补水和跨流域引水达 16 次之多，共补水 9.25 亿立方米；年平均补水 0.90 亿立方米。其中，2004 年 2 月实施了"引岳（"岳"是指岳城水库，位于河北省磁县与河南省安阳县交界处，是漳河上的一个控制性水利枢纽工程）济淀"，入淀水量 1.59 亿立方米；2006 年 11 月实施了第一次"引黄（"黄"是指黄河）济淀"，工程补水量 1.0 亿立方米；2008 年至 2012 年 1 月又相继实施第二次、第三次、第四次、第五次"引黄济淀"工程。2017 年 11 月，引黄入冀补淀工程成功试通水，这是国务院确定的 172 项节水供水重大水利工程之一。

2012 年汛期，受"12・7"特大暴雨和洪水入淀影响，白洋淀天然入淀量 1.86 亿立方米，2013 年和 2014 全年未补水。由于 2014 年天然入淀水量偏小，淀水位持续下降，为防止干淀，于 2015 年 4 月至 7 月由王快、西大洋水库再次向白洋淀补水 0.4 亿立方米。2017 年 4 月 5 日起，王快、西大洋水库联合向白洋淀进行生态补水，补水量在0.33亿立方米以上。

连续多年的“引水济淀”，使白洋淀的生态环境得到了持续性保护。特别是“引黄济淀”工程实施后，给白洋淀带来了巨大的经济效益、生态效益和社会效益，白洋淀的水位明显回升，核心区的水质已经达到三类标准，绝迹多年的芡实、白花菜等多种沉水植物和浮叶植物已重现白洋淀，一度大量死亡的野生鱼类也在快速恢复和繁殖，白洋淀湿地生态环境得到了明显改善。

从前面的历史回顾中我们知道了，有统一水面并具固定形态的白洋淀的形成是与历史上筑堤围河的人类活动直接相关的。因此，与气候条件的变化相比，人口和社会经济的发展是影响白洋淀生态格局变化的主要原因。从长远来看，无论长江还是黄河的水并非是取之不竭的，解决白洋淀水危机的根本之道还需要协调人与自然的关系，给予自然以应有的尊重。

三、丰富的自然资源

雄安新区不同于河北平原的其他区域，因其境内有华北平原上最大的淡水湖泊——白洋淀，所以它的自然资源类型也就具有了独特性。具体说来，雄安新区的自然资源主要包括水资源、耕地资源、动植物资源、石油资源和地热资源。

▲ 水资源

水资源是雄安新区选址的主要考量因素之一，白洋淀有着比较丰富的水资源。白洋淀汇水面积3.12万平方千米，淀底高程5.5—6.0米（大沽高程，下同）。当淀区水位为10.5米时，蓄水量为9.58亿立方米（见图1.8）。

白洋淀淀区的多年平均降水量为524.9毫米，多年平均蒸发量为1 369毫米。降水具有明显的季节性，80%的降水集中于

图 1.8 夕阳下的白洋淀

（张学农/摄）

6—9 月，且多以大雨或暴雨的形式出现，往往形成洪涝灾害，因此 7—11 月为白洋淀丰水区，12 月至次年 6 月为枯水期。淀区降水的年际变化同样悬殊，如 1988 年降水量为 924.1 毫米，1962 年降水量仅 210.0 毫米，有时甚至出现连丰、连枯的现象。

白洋淀的水资源总量在各个年度都是不一样的。根据 1988—2000 年 13 年间的水文资料计算出的白洋淀水位、水面积和容量之间的关系，淀区平均最高水位 8.9 米，平均最低水位 6.65 米，年平均蓄水量为 4.1 亿立方米。不同水平年淀内水位、入淀、出淀水量差别很大，对应于不同的保证率，水资源总量表现出不确定性。

2017 年，北京市人口达到 2 100 多万人，年用水量已迫近

40 亿立方米大关。白洋淀的正常蓄水量为 4.1 亿立方米，虽然与建设比肩深圳、浦东的大城市有着相当大的距离，但在满足雄安新区居民生活用水的同时确保城市“蓝绿交织”“水城共融”的需求，仍然有不小的差距。因此，加强白洋淀水资源的可持续利用，应该是未来很长一段时间的中心任务。

▲ 耕地资源

雄安新区的土地资源比较丰富，其中耕地资源所占比重最大。截至 2017 年，雄安新区的耕地面积为 318.6 平方千米，水浇地又占了相当大的比重（根据通常的分类标准，耕地包括水田、水浇地、旱地和菜地）。丰富的耕地资源为雄安新区的工农业生产，尤其是农业生产提供了良好的物质基础。但是，随着雄安新区城市建设的启动，大量的耕地资源会转化为城市建设用地，用于农业生产的耕地数量会急剧减少。如何在城市建设的缝隙中保留有限的耕地资源，使其为满足城市居民的日常生活提供某些帮助，尚是需要研究的一大课题。

▲ 动植物资源

雄安新区的动植物资源以白洋淀水域最为集中，主要包括水生植物资源和水生动物资源。白洋淀水生植物资源还是比较丰富的，共有水生植物 39 种，隶属于 21 科 32 属，其中挺水植物 16 种、沉水植物 14 种、浮叶根生植物 6 种、漂浮植物 3 种。挺水植物中，主要有芦苇、莲、睡莲、慈姑、菖蒲等物种；沉水植物中，主要有金鱼藻、菱、芡实、水鳖等物种；漂浮植物主要是槐叶萍（见图 1.9）。

白洋淀的芦苇是一大特产，品种多达 10 余种。芦苇具有横走的根状茎，在自然生境中，以根状茎繁殖为主，根状茎纵横交错形成网状，甚至在水面上形成较厚的根状茎层，人、畜可以在上面行走。其根状茎具有很强的生命力，能较长时间埋在地下，1 米甚至 1 米以上的根状茎，一旦条件适宜，仍可发育成新枝。也能以

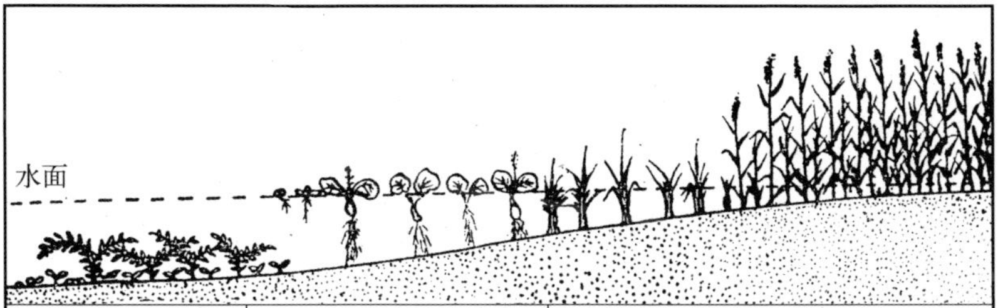

沉水植物带	浮水植物带		挺水植物带	
眼子菜狐尾藻等群落	浮叶植物型	漂浮植物型	茭笋群落	芦苇群落
	野菱芡群落	浮萍槐叶萍群落		

图 1.9　白洋淀水生植物带状分布生态系列

资料来源：《河北地理概要》，第 291 页。

种子繁殖，种子可随风传播。对水分的适应幅度很宽，从土壤湿润到常年积水，从水深几厘米至 1 米以上，都能形成芦苇群落。在水深 20—50 厘米，流速缓慢的河、湖，可形成高大的禾草群落，素有“禾草森林”之称。据统计，1960—1962 年，安新县苇田面积 12.7 万亩，总产量达 4 500 万千克。

白洋淀的水生动物资源也很丰富，包括底栖动物、鱼类和鸟类，其中底栖动物 35 种、鱼类 17 科 54 种、鸟类 19 科 26 种。因为有如此丰富的水生动物资源，白洋淀也就成了有名的淡水鱼场，盛产鲢鱼、鲤鱼、青鱼、虾、贝、河蟹等 40 多种水产品。1959 年淀水产鱼 885 万千克，自然捕捞量亩产 19 千克，居全国大型湖泊亩产量之首。再加之水生植物遍布，野鸭大雁栖息，这里的人们既可以捕捞鱼虾，采挖莲藕，也可猎取各类水禽，一年四季，一片繁忙，故被人称为“日进斗金，四季皆秋”的聚宝盆。曾有天津居民回忆说：

过去天津人吃河鲜都打两个地方来，一个是潮白河，一个是白洋淀。因为这两个地方的水好，所以白鲢啊，河虾啊，黄瓜鱼啊，口儿都比较甜。

然而，自 20 世纪 50 年代以来，白洋淀的水生动植物资源呈现出萎缩的状态，水产品产量不断下降。20 世纪 50 年代鱼虾平均年产量为 612.5 万千克，60 年代为 313.5 万千克，70 年代为 111 万千克，70 年代比 50 年代下降了 82%。白洋淀水环境的演变，水位不稳，甚至干淀，都会影响水生动植物的种类、产量和质量。尤其是白洋淀由自然生态系统为主转向以人工生态系统为主，更影响了白洋淀的水产品产量。

▲ 石油资源

雄安新区的石油资源主要分布在雄县境内的昝岗、孤庄头、张岗、葛各庄、龙湾、小步村、南十里铺等乡镇，有油井 1 200 余眼。2012 年年产原油 1 万吨、天然气 1 800 万立方米。雄县境内的油田地面勘测始于 20 世纪 50 年代初，60 年代确认开采前景，70 年代投入钻井开采，属于华北油田的一部分。

▲ 地热资源

雄安新区的地热资源在雄县、安新县、容城县均有分布，且具有面积广、储量大、埋藏浅、水温高、水质好、自喷力强等特点，其中以雄县的地热开发最有成绩和特点，有热田面积 320 平方千米，地热水储量 821.87 亿立方米。

雄县地热利用是伴随石油开发起步的。1973 年，石油物探部门在雄县境内打出第一眼温泉井，揭开了利用地热的序幕。人们开始利用温泉水进行洗浴，建立了极简易的温泉浴池。随后，又利用地热能搞小型温室，种植冬季蔬菜。经过 40 多年的探索，形成了地热利用的“雄县模式”，其特点是地热供暖上规模，资源开发利用取热不取水，尾水百分百回灌。“雄县模式”不仅是国内的

图 1.10　雄县温泉浴池

（王力欣/摄）

标志性工程，在国际社会也享有盛誉。1989 年，雄县被确定为全国中低温地热资源综合开发利用示范区；2010 年，被原国土资源部命名为“中国温泉之乡”（见图 1.10）。

截至 2016 年，雄县实现了地热供暖能力达 385 万平方米，地热供暖覆盖了 95%以上的城区，惠及人口近 8.9 万人，城区居民供暖支出年可节约 1 500 余万元。按照县城供暖采水量计算，每年可节约煤炭 5.55 万吨，减少二氧化碳排放 12 万吨、二氧化硫 0.28 万吨、燃煤粉尘 0.51 万吨，有利于空气质量的改善。

第二章

行政区划沿革

雄安新区所在区域远古时代就有人类居住，曾发掘出多处新石器时代遗址和商周时代遗址。雄县、安新和容城三县均为千年古县，它们的建城史都超过了一千年的时间。

一、远古时代的人类活动遗迹

雄安新区三县境内曾有发源于太行山的多条河流和古黄河故道萦绕穿插，动植物资源丰富，种类繁多，适合人类居住和生活。因而，从新石器时代起这里就有人类活动，留下了多处新石器时代遗址和商周时代遗址。

▲ 新石器时代遗址

梁庄遗址 梁庄遗址是新石器时代遗址，位于安新县城东南14千米的梁庄村南百余米处。地势低洼，平时有水，水位低时辟为耕地，多年生长芦苇。遗址东西长400米，南北宽200米，面积8万平方米。遗址保存状况基本完好。梁庄遗址发现于1986年4月，当时曾收集骨化石100余件，泥质陶片、夹砂褐陶片50余片和石斧两件。同年9月，保定地区文物管理所、河北大学历史系和安新县文化局联合对此遗址进行了考古发掘，发掘面积37.5平方米。该遗址于1982年被列为河北省文物保护单位(见图2.1)。

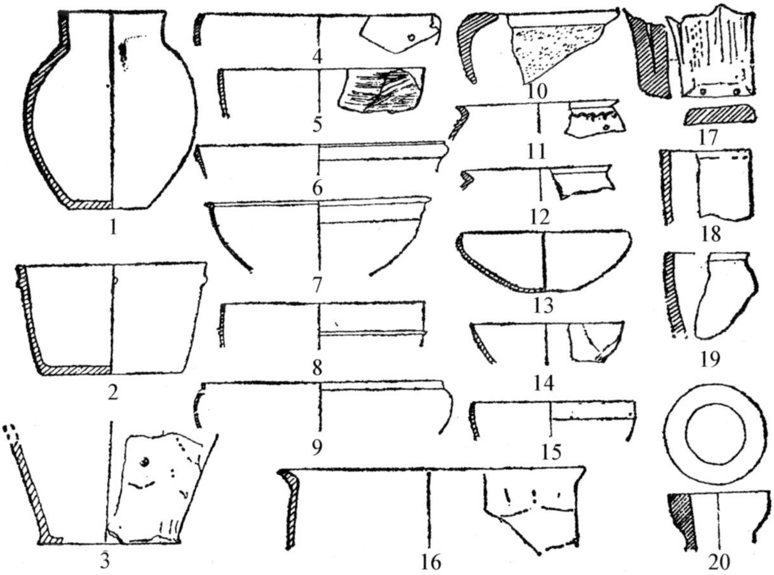

图2.1　梁庄遗址出土陶器概览

资料来源：徐浩生、金家广：《河北安新县梁庄、留村新石器时代遗址试掘简报》，《考古》1990年第6期。

留村遗址　留村遗址是新石器时代仰韶文化遗址，位于安新县城西1.5千米留村北300米处，南距白洋淀新安北堤1.5千米。遗址平面呈长方形，长250米，宽200米，面积5万平方米。地势原略高于四周，被当地群众称为“疙瘩顶”。此遗址发现于20世纪50年代，1982年被列为河北省文物保护单位。遗址保存状况良好。遗址地表散存的文化遗物包括较多的陶片及石器、鹿角、兽骨、蚌壳等。1986年，保定地区文物管理所和安新县文化局对留村遗址进行了首次发掘。从文化层堆积和出土的文化遗物来看，第一层为上文化层，出土了大量陶片，器形有折沿罐、敛口罐、红顶碗、壶、盘、钵、陶匕、陶支脚及鼎足等。第二层为下文化层，出土陶片数量少于上层，主要器形与上层基本相同，出土有陶罐、盆、釜、石磨盘、石磨棒、支架等。从发掘资料分析，留村遗址为一处仰韶文化晚期遗址，并含有龙山文化的成分。

上坡遗址 上坡遗址属于新石器时代至商代遗址，位于容城县城南 0.5 千米处上坡村南 50 米的台地上。遗址为长方形，南北长 100 米，东西宽 20 米，面积约 2 000 平方米。1981 年 4 月至 1982 年 5 月，省、地、县文物工作者对上坡遗址进行了发掘。其文化层堆积一般在 1～3 米，面积 988 平方米，共分四层，从上至下依次为磁山文化、仰韶文化、龙山文化、商代文化。

上坡遗址出土文物有陶器、石器和骨器 500 多件。磁山文化层出土有陶盂、支架、磨盘、磨棒等，器物形制和组合特征均与磁山遗址相同；仰韶文化层出土有彩陶钵和双耳褐陶罐；龙山文化层出土有折腹盆、篮纹陶罐和双耳罐；商代文化层陶器有鬲、簋、豆、盆、纺轮、网坠等。骨器有骨锥、刀、匕和鹿角锤。石器有刀、镰、斧、凿、杵、磨盘、磨棒等。此外，还发现了商代晚期的两座房址和 83 个灰坑。1982 年 7 月，该遗址被列为河北省文物保护单位。

北庄遗址 北庄遗址属于新石器时代中期至商周时代遗址，位于容城县县城东南的东牛北庄村东。遗址面积 6 万平方米，四周均为耕地。1984 年春文物普查时发现，后经省文物部门多次勘察，对此遗址有了初步的认识。1986 年秋，修容城至小里公路时，经过跳进区发现灰坑很多，而且在遗址内发现很多遗物，有骨针、带坑窝石器和陶器等。据采集到的标本分析，北庄遗址为新石器时代遗址，陶支架、陶盂、三足钵、磨棒均有磁山文化内涵，“红顶”器物是仰韶文化时期遗物，袋足鬲等为商周时代的遗存。1987 年

8 月，该遗址被列为容城县文物保护单位。

午方遗址　午方遗址位于容城县城南 1.5 千米的午方村西，属于新石器时代中期至商周时代遗址。遗址占地面积约 10 万平方米，比周围耕地高出 3 米。现为耕地，保护完好。1982 年和 1997 年河北省文物研究所两次试掘，发现此遗址文化层厚 0.5—2 米，可分为三个文化层，即仰韶文化层、龙山文化层和商周文化层。仰韶文化层出土器物有彩陶钵、彩陶碗、彩陶罐陶环、陶纺轮、网坠、陶罐、陶支座、陶釜、陶甑、陶盘、石斧、石凿、石磨盘、石磨棒、石锛、石杯、刮削器、双翼石镞、石刀、骨刀、骨剑、骨鏟、鹿角铲、骨镞、骨凿、鱼骨饰件等。较为重要的发现，是露出一眼龙山文化时期的水井，井口于耕土下露出，椭圆形，长 2.5 米、宽 1.8 米、深 4.5 米。井壁陡直，上小下部稍大，井壁有可供上下时使用的“凹槽”，井底部有用木棍做成的井盘，井盘呈“井”字形。内有多件当时先民们提水时掉下去的陶罐，陶罐少数完整，多为碎块，有一件陶罐颈部还系有绳索。1987 年 8 月，该遗址被列为容城县文物保护单位。

北城村遗址　北城村遗址位于容城县县城北偏东约 2 千米，北城村南约 1.4 千米，容城镇至北城村一条简易公路的东侧。2006 年 4—7 月，为配合河北省南水北调中线天津干渠工程建设，内蒙古自治区文物考古研究所、涿州市文物保管所及中央民族大学民族学与社会学学院博物馆学专业合作，对北城村遗址进行了发掘。本次发掘共发现 107 个遗迹单位，属金、元等时期的有井 3 口、沟 4 条和墓葬 1 座，属新石器时代的有房址 15 座、灰坑 82 个、沟 2 条。出土遗物 5 000 余件，其中绝大部分为新石器时代的石器和陶片。

▲ 商周时代遗址

南阳遗址　南阳遗址属东周、汉代遗址群，属于一座中型城市遗址，位于容城县城东 14 千米的南阳村村南 200 米处，遗址的东、南、西三面有故河道。遗址呈长方形，东西长 800 米，南北宽 700 米，面积 56 万平方米。南阳遗址的北坡高出地表 2～3 米，南坡高出地表 0.5 米，东坡高出地表 0.3 米，西面地势平缓。遗址保存状况基本完好。

1981 年春，容城县文化局在晾马台乡进行考古调查的过程中，在南阳村村南发现了一处古代遗址。当时征集清理出铜器、陶器、骨器等文化遗物 40 多件，其中的几件还刻有铭文和陶文。后经分析鉴定，确定为春秋战国时期的遗址。南阳遗址的文化层厚度在 0.3～1 米，征集的文化遗物包括陶鬲、陶豆、陶罐、铜鼎、铜壶等。在铜壶的肩部有“西宫”字样的铭文，在陶钵和陶罐内有“易市”字样的陶文。此后还陆续发现了铜戈、铜镞、刀币、骨锥等文化遗物。由于南阳遗址尚未经考古发掘，因此还无法确定文化层堆积的详细情况（见图 2.2）。

图 2.2　唐三彩壶

资料来源：《容城县志》。

南阳遗址发现30多年来，先后出土了“西宫”铜壶、“左征”铜壶盖、“燕王职”铜戈、“燕侯载”铜戈和“易市”陶器、铜鼎、铜凿、刀币、鹿角锤等一些重要的文物。这些器物都显示出了燕国制器的风格，其地理位置也与史书中所记载的燕国都城“临易”相近，可能与燕国中期的都城“易都”有关。该遗址于1982年被列为河北省文物保护单位，2006年被列为全国重点文物保护单位。

晾马台遗址　晾马台遗址属商周时代遗址，位于容城县晾马台乡晾马台村。遗址为一长方形台地，东西长150米，南北宽100米，面积15 000平方米。高出地表2～4米，文化层厚2～3米。1958年在此曾出土“燕王职”铜戈，现藏于河北省博物院。1977年，河北省文物研究所发现该遗址。该遗址于1982年被列为河北省文物保护单位（见图2.3）。

图2.3　晾马台遗址古柏

（杜书锋/摄）

燕长城遗址 燕长城遗址位于容城县县城西南13千米的黑龙口村东200米处。该段长城残长200余米，顶宽4米，底宽6米，高0.5～2米，系夯土筑成，每层厚约17厘米。据史料记载，战国时期的燕国国君燕昭王为了防御赵、中山等国，先后修筑南北两道长城。其中，南长城筑于南易水沿岸，是由易水堤防扩建而成的，又被称为“长城堤”。

“长城堤”的走向，起自今天的河北省易县城西，沿古南易水北岸东行，经今河北省保定市徐水区、容城县、安新县境，至今雄县境，再转向东南入河北省文安县境。它既是燕国的军事防御设施，也是防范水患的大型水利工程。现在白洋淀北岸的新安北堤就是在燕长城的基础上修筑起来的。

二、雄安三县行政区变迁

尽管雄安新区三县都被称作千年古县，但它们各自县名的出现时间是不一样的，其中以容城县的县名出现得最早。历史上，三县的行政区设置均发生过较大的变化。

▲ 容城县行政区沿革

西汉景帝三年(公元前154年)首置容城县，故城在今容城县城西北7千米的城子村，属幽州涿郡。后历经多个朝代的行政区划调整，容城县被几度撤销、几度复置，其历史沿革如表2.1：

表2.1 历史上容城县行政区沿革

年　　代	县　名	所隶上级行政区	治　所
东汉建初二年(77年)	容城侯国	幽州涿郡	
三国魏文帝黄初五年(224年)	范阳国	幽州范阳郡	

（续表）

年　　代	县　名	所隶上级行政区	治　所
北魏太和年间（477—499 年）	容城县	幽州范阳郡	城子村
北齐天保七年（556 年）	范阳县（并入）		
隋文帝开皇元年（581 年）	遒县	上谷郡	城子村
唐武德五年（622 年）	遒县	北义州	城子村
唐天宝元年（742 年）	容城县	河北道易州	
后周显德六年（959 年）	容城县	雄州	雄州（侨治）
北宋建隆四年（963 年）	容城县	雄州	雄州西南
元世祖二十三年（1286 年）	容城县	雄州	
明洪武七年（1374 年）	雄县（并入）		

五代时期，容城县被北方的契丹人占领，县境北部是辽政权设立的容城县；后周显德六年（959 年）收复容城县南境，后周政权重新设置容城县，从此出现南北两个容城县并立的局面。宋代，这种局面一直存在，直到金政权灭掉辽、宋，南北容城才复归为一。

到明洪武十三年（1380 年），复析置容城县，明景泰二年（1451 年）徙今治（容城县城关镇），属京师保定府。1913 年，属直隶省范阳道；1914 年，属直隶省保定道。1928 年，直隶省改称河北省，同时废除道一级行政区划，容城县隶属于河北省。

1949 年 10 月 1 日中华人民共和国成立后，容城县归河北省保定专区管辖。1958 年 12 月 20 日，撤销容城县，并入徐水县。1960 年 5 月 3 日，保定专区被撤销，容城县境随徐水县转归保定市管辖。1962 年 5 月 23 日，析徐水县复设容城县，还隶保定专区。1970 年，保定专区改称保定地区，继辖容城县。1994 年，保定地、市合并，容城县属保定市管辖（见图 2.4）。

图 2.4 容城县“北方服装名城”牌楼

（王力欣/摄）

▲ 雄县行政区沿革

雄县古称雄州，据《读史方舆纪要》记载：“契丹入寇瓦桥关，遣将屯戍。周显德六年伐契丹，……至瓦桥关（今城关一铺南），契丹守将以城降。周主以其地控扼幽、蓟，建为雄州。”后周显德六年就是 959 年，后周皇帝柴荣克复三关，于是在瓦桥关置雄州，在益津关置霸州，还有瀛洲的高阳关（亦称草桥关），成犄角之势，戍重兵据守，以为防辽要隘。以雄州名瓦桥关（瓦桥关遗址即今雄县城内横跨大清河上的解放桥），系取威烈之义，以彰武功，震慑北方的辽国。另于瓦桥关置归义县，由雄州治、领。清代著名散文家姚鼐（1731—1835）曾写过一首《雄州咏周世宗》的七言律诗：

世宗北伐志犹勤，山后宁容地剖分。
天意自留耶律氏，人心俄变殿前军。
五朝庶见真神武，再世何难嗣守文。
反复兴亡无处问，瓦桥关外又斜曛。

北宋时期，在辽国境内部分属燕山路涿州，亦称归义县。北宋太平兴国元年(976年)，在宋朝境内的归义县更名为归信县，属河北东路雄州。宣和四年(1122年)，宋收复涿州，归义、归信两县并存。金天会三年即北宋宣和七年(1125年)，归义、归信两县皆入金，后废归义县并入归信县，县仍治于州中。元至元二年(1336年)，废雄州，归信县并入容城县。明洪武二年(1369年)，废归信县入雄州，属京师保定府。洪武七年(1374年)，降雄州为雄县，属京师保定府。1913年，属直隶省范阳道；1914年，属直隶省保定道；1928年，属河北省(见图2.5)。

1949年10月1日中华人民共和国成立后，雄县归河北省保定专区管辖。1958年12月20日，撤销雄县，并入涿县。1960年5月3日，保定专区被撤销，雄县境转归保定市管辖。1961年5月23日，析涿县复设雄县，还隶保定专区。1970年，保定专区改称保定地区，继辖雄县。1994年，保定地、市合并，雄县属保定市管辖。

▲ 安新县行政区沿革

安新县的前身是安州和新安县。金天会七年(1129年)置安州，元世祖至元八年(1271年)设新安县。其实，这两座县城的历史可上推到西汉时期，当时有浑埿城(今天的安新县县城)和葛城(今天的安新县安州镇)两邑。东汉末期，在葛城置依政县，属冀

图 2.5　雄县温泉公园

（王力欣/摄）

州河间国，不久即废。到了唐如意元年(692 年)在葛城置武昌县，神龙元年(705 年)改名唐兴县，初属瀛洲，后改隶易州、莫州。五代时期，唐兴县于后晋时改名为宜川县，属莫州。后晋高祖天福元年(936 年)陷入契丹，后周显德六年(959 年)收复，省宜川县入莫州。北宋太平兴国七年(982 年)在葛城设唐兴砦，淳化三年(992 年)在唐兴砦建顺安军。

金天会七年(1129 年)，顺安军入金，并升格为安州。大定二十八年(1188 年)安州徙治葛城，并置葛城县(州、县同治今安州镇)；泰和四年(1102 年)置渥城县，治所在浑埿城。元代，安州、葛城县、渥城县多次被撤废，至元九年(1343 年)重设，并改渥城县为新安县。明洪武二年(1369 年)，省葛城县入安州，与新安县同属保定府。洪武七年(1374 年)，又省新安县入安州，随后安州降为安县。洪武十三年(1380 年),复设安州(安县即废)和新安县,属保定府。清初,安州领新安县;雍正年间安州不再领县,与新安县同属保定府;道光十一年(1831 年),废新安县,并入安州。1913 年安州降为安县,属直隶省范阳道;1914 年安县与新安县各取其名之首字合并为安新县,属直隶省保定道;1928 年属河北省。

1949 年 10 月 1 日中华人民共和国成立后,安新县归河北省保定专区管辖。1958 年 12 月 20 日,撤销安新县,并入徐水县。1960 年 12 月 19 日,析徐水县复设安新县,归保定市辖。1961 年 5 月 23 日,仍隶保定专区。1970 年,保定专区改称保定地区,继辖安新县。1994 年,保定地、市合并,安新县属保定市管辖(见图 2.6)。

图 2.6　安新县城街道

(王力欣/摄)

▲ 关于两个县城并存局面的认识

北宋时期,由于北方契丹人的入侵,当时的容城县和雄县境内出现了两个并立的基层政权。我们如何认识这种局面呢？葛剑雄先生在其《统一与分裂：中国历史的启示》一书中作出了合理的解释。他认为，我们要站在今天的、中华民族的客观立场上认识辽（契丹）和北宋之间的关系，它们应该具有同等地位，理由如下。

第一，辽（契丹）建国比北宋还早，北宋从来没有征服过它，连形式上的从属关系都没有存在过。相反，北宋不得不承认它是一个具有对等地位的邻国。

第二，辽（契丹）的领域相当辽阔，而它的一部分即使按照当时的标准看也应该是中原或中国。它有相当大的农业区，汉族占人口的多数。

第三，辽（契丹）的文化和政治制度虽然还保持着游牧民族的特色，但基本上接受了汉族和中原王朝的模式，与宋朝和中国的其他政权有很多共同之处。所以在元朝修史时，就已经将《辽史》与《宋史》《金史》并列，承认它是中国的一个政权。

第四，北宋远未恢复唐朝的疆域，没有能力消灭大理、沙州曹氏等政权，中间又形成了西夏政权，完全是几个政权并存的局面。故而，我们要将辽（契丹）和北宋视为同等地位的政权，都属于后来大一统中国的一部分。这样，两个县城并存的局面就是很易于理解的事情了。

第三章
历史演进轮廓

自北宋时期至 20 世纪 40 年代，雄安地区因其地理位置的重要，一方面此地战争硝烟弥漫，另一方面也催生了商业和经济的发展，留下了许多历史故事与美丽传说。

一、宋辽时代的边关

宋辽对峙，两国以白沟河沿线（相当于今天的大清河及海河一线）为边界，称“界河”。双方在这里进行了多次战斗，留下了不少军事设施遗存和民间传说故事。

▲ 宋辽对峙的主战场之一

北宋时期，雄安新区三县成为宋辽对峙的主战场之一，是与北宋都城调整以及以都城为中心的全国道路系统的调整密切相关的。

唐代以前，中国历代强盛王朝的都城多建于今天的西安和洛阳，以这两个城市为都城的王朝都以都城为中心和枢纽，兴修连通全国的交通网络。位于东北方向的北京城因其历史悠久，地处华北、东北和蒙古三大地理板块的结合部位，地位重要，因此沟通北京与当时都城的交通路线十分重要。久而久之，逐渐在今天的河北地区形成了一条沟通南北的主要交通命脉。其在河北地区的走向是从北京沿太行山东麓南下，渡黄河向西直通都城所在，大致相当于今天的京广铁路一线，这条路线是连通南北的最佳快捷方式，此即所谓的“太行山东麓大道”。著名历史地理学家侯仁之曾对这条古代大道做过描述：

> 这条古道沿着气势雄伟的太行山—燕山山麓发展起来，与山脉平行，起自大平原的中西部——中华文明首先在那里发展起来，直至大平原的北端——中国疆域第一阶段的扩展在那里被阻挡（见图 3.1）。

侯仁之所说的“大平原”是指华北平原，“大平原的中西部”即是河南省的中西部，“大平原的北端”即指北京。“安史之乱”后，河北地区藩镇割据，唐王朝对该地区的影响力逐渐削弱，该地区与中央所在地长安以及中原地区的联系也较以前有所减弱，因此“太行山东麓大道”虽然仍是一条沟通南北的主要道路，但其重要性较以前有所降低。唐朝末年，朱温选择开封作为其势力的中心并最终以此为都建立梁王朝，历史进入五代时期。此后，后晋、后汉、后周政权都以开封为都。960 年赵匡胤建立北宋政权后，鉴于开封发达的水陆交通条件和此前的历史因素，也决定以开封为都。这个时期是中国古代都城发展演变的一个重要转折时期，都城的选择由此前的长安、洛阳所在的中原地区向东部沿海地区转移，就是进入了所谓的“东移近海期”。

都城位置的转移相应地引发了以其为中心的全国道路系统的调整，表现在河北地区就是一条新的连接南北的道路的产生。开封成为都城后，沟通其与幽州（今天的北京市，辽将其建为南

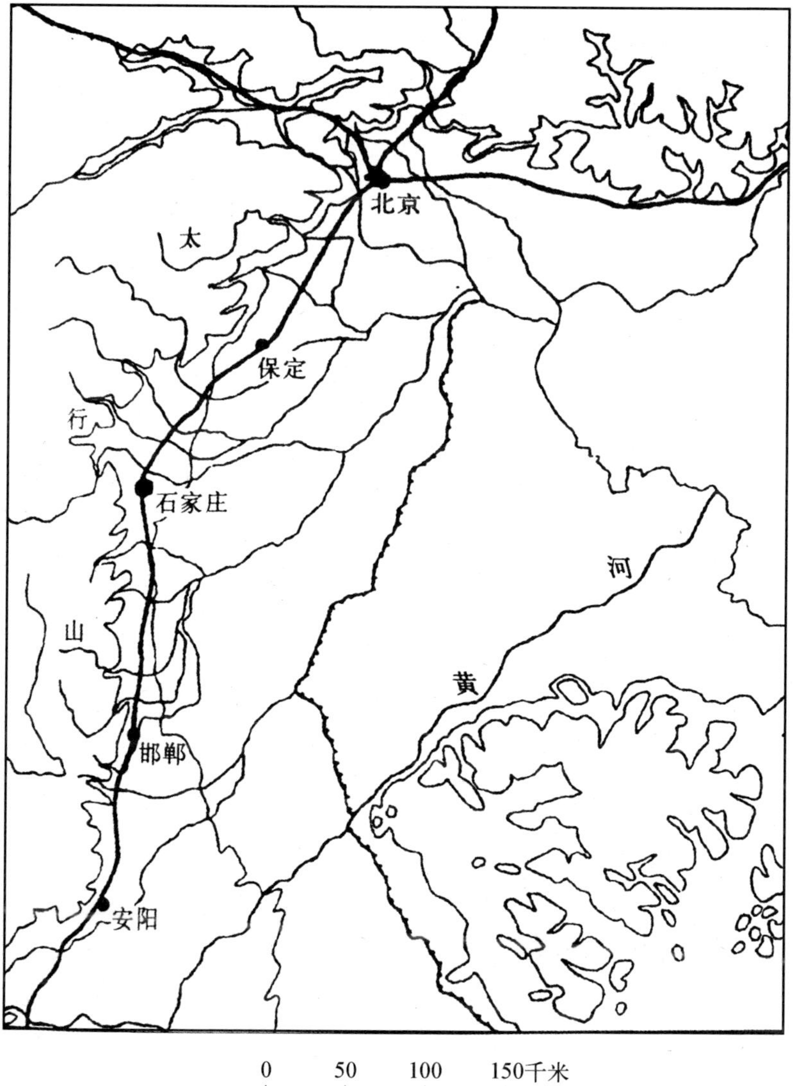

图 3.1　太行山东麓地形

资料来源:《幽燕六百年:京津冀城市群的前世今生》,第 296 页。

京，名析津府）的道路，如果仍沿袭传统的“太行山东麓大道”，就要出开封城向西，经孟津（今河南省孟州市南）北渡黄河，然后向东再折向北，这样就显得迂远。如果有一条能自开封直接向北通往幽州的道路则无疑是最佳选择。正是顺应形势的需要，一条新的贯穿河北地区南北的交通要道产生了。其具体路线大致是开封—澶州—德清军—大名—贝州—冀州—深州—瀛洲—莫州—雄州—新城—涿州—析津府，雄州成为必经之地。当时，雄安新区三县大部分为雄州所辖，因北宋建隆四年（963 年）将后周所建之容城县（南境）移置于拒马河南，隶属雄州。

雄州位于界河之南，距离界河仅 15 千米，成为北宋在河北的边防重镇。雄州又处于连接宋都城开封和辽南京城（今北京市）的交通线上，而此一交通线正是辽骑兵南下开封的最短途径。因此，雄州城成为首都开封的北边门户，所谓“河朔事体至重……雄州最为控扼重地”。因此，雄州是宋、辽双方重点争夺的地区，在军事上具有重要的战略地位。

▲ 北宋加强雄州地区的边防设施

北宋对雄州的边防极为重视。宋太祖在位期间，其主要精力在于消灭南方的各个割据政权，对北方的契丹采取守势，注意加强雄州的边防设施。鉴于辽军兵力主要是由骑兵构成，往来迅捷，以步兵为主的宋军在平原地区难以抗衡，北宋朝廷在雄州地区密植树木，以期能够限制辽骑兵的机动能力。宋太祖在建国初期就命令“于瓦桥一带南北分界之所专植榆柳，中通一径，仅能容一骑。后至真宗朝，以为使人每岁往来之路，岁月浸久，日益繁茂，合抱之木交络翳塞”（见图 3.2）。这些树木无疑可以起到迟滞辽军骑兵的作用，因此这种做法被后世所沿用。由此可见，雄安地区多榆树、柳树，有很大的人为因素在里面。

图 3.2　1946 年拆除前的瓦桥关关城

资料来源:《保定文化资源概览》(上),第 158 页。

北宋加强雄州地区边防设施的另一个做法,就是"潴水为塞"防卫工程的建设。为了有效抵御辽军骑兵的攻击,宋太宗采纳何承矩的建议,在河北地区利用当地地势低洼、河湖密布的有利地形,将其加以改造,兴修塘泊。由于雄州以东至渤海一带的边界地区是发源于太行山区的众多河流入海的末梢之地,湖泊沼泽众多,不利于辽军骑兵行动,因此迫使辽军将南下进攻的重点缩小到东起雄州,西至太行山一线。这一带正是北宋兴修塘泊的重点地区。

家喻户晓的杨家将精忠报国的故事,有很大一部分是发生在雄州地区的。当时,杨延昭(民间传说中的"杨六郎")历任保州缘边都巡检使……高阳关路副都部置,以"收复燕云十六州"失地为己任,始终站在东路抗辽最前线,在构筑、守卫"潴水为塞"的过程中,自然都是首当其冲的参与者和指挥者,如迄今河北省霸州市至雄县境的白沟河堤防又称“六郎堤”，当地世代相传为杨延昭所筑。

但是，“潴水为塞”也并不是万能的，并且先天即有其软肋，诚如《宋史・河渠志》所指出的那样：“塘泊有限辽之名，无御辽之实。……冬寒冰坚，尤为坦途。”到了冬天，水面结冰，辽军骑兵仍能来去自如。长期在前线抗辽而谙熟地情的杨延昭，在构筑和守卫“潴水为塞”的同时，又因地制宜，在雄县、霸州、永清等地构筑了地道防卫工程，以资严冬潴水成冰时，依然可以神出鬼没地以地道战遏制辽骑奔袭。明嘉靖二十六年（1547 年）编纂的《霸州志》记载：“引马洞，为杨延昭所治，始自州城中，通雄县，每遇虏至，必以出师。”清光绪三十一年（1905 年）所编的《雄县新志》，也有关于引马洞的记载，“引马洞”就是对古地道的称呼。

▲ 北宋时期雄安地区农村聚落的增长与命名

北宋时期，雄安地区的农村聚落获得了较快的增长，留存至今的村庄名字带有那个时代的明显印记，我们可将其分为如下三类。

第一类是带有白洋淀的自然地理特征，或直接以水体名称作为聚落名称，或以聚落名称象征当地的水文特点。如安新县大王村得名于村西的大王淀，而大王淀是古代大渥淀的遗迹，宋代称大㖞，读音上有了变化。

第二类是北宋疏浚白洋淀地区的河道，在河流渡口附近或沿岸淤积过的土地上形成聚落，即以之命名。安新县寨里乡到际头沿淀泊边缘地带，集中分布着宋代诞生的聚落，就是一例。北宋运粮河（民间俗称赵王河）的开航，对白洋淀周围聚落的形成与命名影响尤其广泛，沿岸的渡口、码头、客栈都是建立聚落的基础。雄县茫茫口村建于运粮河以西 1 千米处，根据河水之上设置渡口而定名；安新县东马村和西马村，前身是赵王河边的东西两座码头；大寨和小寨，本名大栈、小栈，是赵王河岸边的客栈，后演变为聚落名称，再后又发生了用字上的变化。其他如容城县的大、小楼堤，东、西河村，安新县的河西、北马（原名北码）、北六（原名北流）等聚落，无一不是兴起于运粮河两岸，它们的名称也或多或少地显示着水文条件相对改善的情势下，居民点形成初期的地理特征（见图 3.3）。

图 3.3　今日淀泊众多的乡村景致

（杜书锋/摄）

第三类是宋辽对峙留下的历史痕迹。宋军驻扎过的地方后来形成的聚落，有许多地名带有军事活动的遗痕。安新县马家寨村原是北宋水军屯驻的地方，马村、马堡曾是宋军的牧马场；容城县东牛村与西牛村，据说是杨延昭摆火牛阵破敌之处。

最有趣的地名是郭里口。据说，宋辽交战，杨延昭镇守瓦桥关一带，有一条狭窄的通道从瓦桥关一直延伸到水淀内。通道的两侧水草丰茂、人烟稀少，人们把这条小道称之为宋堤。当时的郭里口一带没有村落，只驻扎一些宋军。杨延昭与辽军久战不决，后来想到诱敌深入以火攻的计策，把辽军兵马车辆烧得精光，杨延昭大获全胜。宋军撤至瓦桥关一带集结防守，军中有名伙夫（人称“大锅李”）留在这里定居，于是取村名“锅里口”。后来《宋史》记载作“郭李口”，随着各种姓氏的人来此定居，民间遂改“郭李口”为“郭里口”。

宋辽关系缓和期间，北宋朝廷于太平兴国二年（977 年）、淳化二年（991 年）、咸平五年（1002 年）、景德二年（1005 年）在雄州、霸州等地设置榷场，与辽国进行边境贸易。这些官设的贸易机关和场所，在宋代称作“务”，在此基础上形成的聚落，也有以“务”为通名的。雄县米家务村是北宋熙宁年间雄州官设的谷物贸易之地，马务头、道务则是榷场贸易收税的所在。

二、元明清时期的历史人物

元明清时期，雄安地区人才辈出，备受瞩目，不仅有被誉为“容城三贤”的元初著名理学家刘因、弹劾权相严嵩的明朝义士杨继盛和明末清初的大儒孙奇逢，更有“康乾盛世”时两位皇帝的白洋淀水围。

▲“容城三贤”

桑田万顷汇成陂，贤塚依然信可奇。
自昔先生能继述，至今神物尚维持。
波光迴合无乾土，山色凄凉有断碑。
欲叩九原寻坠绪，茫茫何处是津涯。

这是容城人李进光凭吊刘因墓的一首诗，题为“贤塚洄澜”，诗中表达了对先贤的崇敬之情。刘因（1249—1293），字梦吉，号静修，容城县贾光乡沟市村人。元代著名理学家、文学家。他在学术上与许衡、吴澄齐名，被后世称为“元之所立国者”。但这位风采超绝的文学家兼学者，一生为官不过数月，基本上过着一种隐逸生活。刘因死后，被追封为容城郡公，赠翰林学士、资德大夫、上护军，谥文靖，并与二程、许衡同祀孔庙，享受了极大的尊荣（见图3.4）。

图 3.4　刘因著作《静修先生文集》书影

刘因于元定宗四年（1249年）生于容城县，6岁时随家南迁至镇州潭园。元至元元年（1264年），15岁的刘因随父亲刘述居住在今保定市满城区鸡距泉附近的藻西庄。至元十年（1273年），又迁入容城县的新居。至元十五年（1278年），刘因受原两淮监使何玮之请，到易州（今河北省易县）何氏家中坐馆。至元十九年（1282年），他受元廷征召，擢拜承德郎右赞善大夫，入宫教近侍子弟，不久因继母病逝而去官。至元二十八年（1291年），元廷以集贤学士嘉议大夫再征刘因，刘因因患病未赴任。两年后，至元三十年（1293年）4月，刘因卒于容城。

刘因少有大志，他写于后来的《呈保定诸公》，可以说是他早年远大抱负的坦诚披露：

因幼有大志，早游翰墨场。八龄书草字，观者如诸墙。九龄与太元，十二能文章。遨游坟索圃，期登颜礼堂。远攀鲍谢驾，径入曹刘乡。诗操苏李髓，赋薰斑马香。衙官宾屈宋，伯仲齿庐王。斯文元李徒，我当拜其旁。呼我刘昌谷，许我参翱翔。眼高四海士，儿子空奔忙。俗物付脱略，壮节志坚刚。

元朝初年，没有恢复科举取士，知识分子进仕无门。元至元十六年（1279 年），30 岁的刘因为养家谋生，回到家乡开设学馆，授徒教学。他自编教材，见解独到，讲究师道庄严。他根据学生的特点，因材施教，让每个学子都有所成就，因此其名声越来越大。朝中公卿官员路过容城，听到刘因的名声，都要登门拜见。

刘因服膺程朱理学，一生著作颇丰，主要有《四书精要》《易系辞说》等传世。同时，刘因也是一位很有情怀的诗人，在家乡容城办学期间，留下了不少描写当地风物的诗篇；教学之余，经常赋诗与弟子们和唱。

庙貌清幽倚碧岑，庭前松柏互森森。
一脉浩气还天地，寸念丹衷贯古今。
胡塞竞成市马计，明朝空费射狼心。
惟留遗像伏腊在，愧杀奸雄骨已沉。

这也是李进光的诗，题为“忠祠松雪”。“忠祠”即忠愍祠，又称椒山祠，是纪念杨继盛的祠堂，原在容城县城内，今已无存（见图 3.5）。

图 3.5 保定旌忠祠

（魏占杰/摄）

杨继盛(1516—1555)，字仲芳，号椒山，容城县八于乡北河照村人。杨继盛自书年谱称：祖籍口外小兴州(今河北省滦平县)，先祖杨百源迁居保定府容城县，居城东北河照村。杨继盛儿时家境贫寒，其母早亡，其父另娶，杨继盛生活孤苦，白天放牛，晚间访师问友，深夜秉烛长读，一介寒门学子终在明嘉靖二十六年(1547 年)得中丁未科进士。官历南京兵部员外郎、刑部员外郎、兵部武选司员外郎等。

杨继盛一生留下两件著名的奏章，使他名彪史册。当时北方蒙古瓦剌(鞑靼)部以俺答最为强盛，屡次入侵明边地，并直逼京师。大将军仇鸾奉旨迎敌，因他畏敌，一战即溃，但由于奸相严嵩的庇护，反得冒功领赏。经仇鸾提议，明朝与瓦剌议和，开马市通贸易。杨继盛认为仇耻未雪而议和，大辱国威，且后患无穷，遂上疏以“十不可”“五谬”反对开马市，言辞激烈而忠心昭鉴，连嘉靖皇帝都有点儿心动，但仇鸾、严嵩反诬杨继盛别有用心，杨遂被贬为狄道典史。

狄道在今甘肃一带，地瘠人穷，杨继盛延请教师，兴办教育，卖掉马匹、衣物资助求学的诸生，并促进汉族与少数民族的友好相处，被称为“杨父”。不久，俺答再次进犯，仇鸾的丑行也被揭发，罢官后忧惧而死。嘉靖对他进行戮尸之惩后，又想起了当年谴责仇鸾而获罪的杨继盛，立即召回任南京刑部员外郎，严嵩想拉拢他，升他为兵部武选司。但杨继盛对这个培植爪牙、操纵国柄、排斥异己、陷害忠良、侵吞军饷、废弃边备而又备受皇帝宠信的奸相的痛恨，甚于仇鸾，于是在抵任一月之后，立即上疏弹劾严嵩“十大罪”“五奸”，大声疾呼：“内贼即去，外贼自败”“陛下奈何爱一贼臣，而忍百万苍生于涂炭哉！”严嵩闻之大恐，进恶言于嘉靖；嘉靖大怒，下令把杨继盛拘系于狱，杨备受酷刑而不屈。在狱三年，严嵩将杨继盛之名夹于其他判斩人名单中，利用嘉靖的昏庸，把杨置于死地。受刑期间，曾有人为杨继盛送去蛇胆酒。他说：“我自有胆，饮酒何用？”他被打得死去活来，却幽默地说：“忽死，忽生；如睡，如醒。生死不过如此平常！”临刑时，杨继盛赋诗一首：“浩气还太虚，丹心照千古。生平未报恩，留作忠魂补。”天下人闻之相与涕泣传颂。

将刑时，其妻张氏上书，请代死，说“愿斩臣妾首以代夫殊”，不准。杨继盛死后，张氏亦于同日自缢。情景相当悲壮。

杨继盛是个才子，书法很有名。他善行草，运笔流畅，迅疾自如，与他那激情难遏的性格正相映衬。他行笔忽提忽按，反差颇大，字距较大时，常于上字的末笔作重按，成下坠之力，或把字拉长，以形成纵向延伸；偶尔有数字连缀，成回环急下之势；字势多敛，偶生逸纵之态。统观之，字里行间贯穿着一种不平之气和勇往直前、不计得失的气概。由其书，足以令人体味到他上疏直谏时所表现出的超凡的人格力量。

杨继盛死后 12 年(1567 年)，87 岁的严嵩在举国唾骂声中死去。同时，皇帝颁诏抚恤直谏诸臣，杨继盛被追赠为太常少卿，谥号忠愍，予以祭葬，并任命其一子为官。

明隆庆二年(1568 年)，直隶监察御史郝杰上奏，在杨继盛故乡保定府为其立祠。皇帝定名“旌忠祠”。旌忠祠建于保定古城金线胡同，正殿三间，正中塑杨继盛像，两旁各建碑亭一座，亭内各竖一碑，一碑刻杨继盛弹劾仇鸾写的《罢马市疏》，一碑刻杨继盛弹劾严嵩写下的《劾严嵩疏》。

在杨继盛的出生地容城县北河照村，也建有一座杨氏祠堂，20 世纪 60 年代被毁。1997 年，杨氏后人和一些异姓村民共同集资，在原祠堂旧址上又建起了新的杨氏祠堂。祠堂大门上方挂一横匾，上书“正气锄奸”四个大字，门的左右侧刻有杨继盛的名联：“铁肩担道义，辣手著文章。”祠堂正中间是身着官服的杨继盛塑像，正襟危坐，不怒自威(见图 3.6)。

图 3.6　杨继盛祠堂及碑刻

(杜书锋/摄)

学问要从躬上得，文辞璀璨总浮尘。
年来疏漏堪怜我，老去空谈恐误人。
万紫千红浑是旧，单枝独叶漫夸新。
洗心藏到无言处，此个功夫谁认真。

这是孙奇逢的诗，题为“示同学”，写出了他自己对待学问的态度。孙奇逢(1584—1675)，字启泰，号钟元，容城县容城镇北城村人。因其晚年讲学于河南辉县夏峰村 20 余年，世称“夏峰先生”。因多次拒绝入朝廷为官的征召，时人尊其为“征君”，与李颙、黄宗羲并称“清初三大儒”，而其中又以孙奇逢的辈分最高，声名最大。孙奇逢还是一位气节奇伟之士，曾经勇敢地参加反对魏忠贤阉党和抵抗清军侵扰的斗争，因此获有“始于豪杰，终以圣贤”的美誉。梁启超曾这样称赞孙奇逢：“他是一位有肝胆，有气骨，有才略的人。晚年加以学养，越发形成他的人格的尊严，所以感化力极大，屹然成为北学重镇。”(见图 3.7)

明代中叶以后，聚徒讲学之风盛行。孙奇逢继承和发扬明中叶以来士人办书院、立学社的优良传统，积极从事讲学活动。明末，他便在直隶开始了教书生涯。万历三十九年(1573 年)到万历四十四年(1578 年)，他寓居京师，经常同鹿善继、左光斗、魏大中、周顺昌等东林党人议论国事，商讨学问，并在家塾学馆中教授生徒。天启、崇祯年间，他在家乡容城县北城村和定兴县江村讲学，江村书院“天下共仰为传灯之地”，甚至可与王阳明故里姚江媲美。在家乡宝藏寺成立文社，“课子侄辈及从学诸友，肄业其中”，并制订《宝藏社约》十条：立志、知学、改过、求友、虚己、率真、定操、尚齿、肃仪、固盟。崇祯十一年(1638 年)，清军侵掠，孙奇逢率领数百户乡民转移至易州五峰山，抗战自保。他一面领导大家修武备战，一面“讲礼兴学，育诗读书”，后来弟子们将其讲学之所加

图 3.7　孙奇逢塑像

（杜书锋/摄）

以修葺，称“双峰书院”。崇祯末年，孙奇逢在定兴县百楼村讲学，受业者数十人，习文练武，书声相接。

清顺治初年，孙奇逢拒绝出仕做官，继续在畿辅地区讲学。容城、清苑、雄县、新安等县士子纷纷从其学习，静修书院、春晖堂、双柳居等都是他讲学的处所。他还成立了“十老社”，会文集友，每月一次。他与门人研讨学理，有问有答，记录成篇，逐渐汇集成他的《语录》。

清顺治七年（1650 年），孙奇逢南迁苏门之后，他的讲学活动进入了一个新的时期。清军入关后，疯狂圈占土地。孙奇逢及其乡亲们的田园也被圈去，他悲愤地告别故土，“携病妻、稚子，张空拳，冒白刃”，向南迁移。亲族、门生数十家也随其南迁。他原拟跨黄河、渡长江，到尚在坚持抗清斗争的东南地区去。但当行至河南辉县苏门山时，有友人挽留，便在此定居下来。这时他已67岁。

苏门山，又称百泉山，乃人杰地灵之区。宋代著名理学家邵雍，元代著名理学家姚枢、许衡都曾寓居于此。在明代，这里也是文人荟萃之地。孙奇逢到达苏门后，便在百泉书院设坛讲学，并在夏峰村构建“一茅堂”“兼山草堂”接纳生徒。直至91岁逝世，他在苏门地区生活了25年，可谓第二故乡。

图 3.8 孙奇逢纪念馆正门

（杜书锋/摄）

孙奇逢著有《理学宗传》《四书近指》《日谱》《读易大旨》《夏峰集》《岁寒集》等30多部书籍，形成了独具特色的理学体系，对清初理学的发展做出了卓越的贡献。2015年4月10日，孙奇逢纪念馆在其故里容城县北城村开馆，成为传承中华优秀传统文化的教育基地（见图3.8）。

▲ 清朝皇帝的白洋淀水围

白洋淀靠近京师，清代常有皇帝和一些著名的文人墨客至此巡幸或游玩，其中康熙皇帝和乾隆皇帝都曾来白洋淀进行水围。

清代以前，以骑射行围为其特征的满族人，同时也从事渔猎活动。康熙皇帝继承祖先的传统，不仅经常进行旱围，而且也多次举行水围。康熙行围，或在京城南苑，因近在郊外，一年四季，随时可以成行；或出围塞外，避暑行猎，均在夏秋之季。水围的举行，则多在春意盎然的二、三月间。此时候鸟北返，雁凫成群，碧水溶溶，芳草萋萋，正是水围的黄金季节。

清康熙十六年(1677 年)四月十五日，年仅 24 岁的康熙皇帝带领大臣们来到白洋淀进行水上围猎活动。第一次来，他只待了两天，但从此与白洋淀结下了不解之缘。此后，举行水围、访问民情、巡视河工，康熙先后 40 次来这里，打水围 29 次。直到他生命终结当年，还以 69 岁高龄来白洋淀水围。

出围时，康熙皇帝率臣属浩浩荡荡，从京城或南苑一路南下，至雄霸登舟；有时则奔通州张家湾，顺北运河而行，下武清，向西南，直达湖淀。每当水围之时，只见围猎船只橹欢桨快，舸翔舟飞。刹那间，炮声阵阵，万箭腾空，火光闪闪，硝烟滚滚，鸣镝声声，不绝于耳。转眼之间，鸟羽飘如飞雪，凫雁纷纷而落，惊鸟翻飞盘旋，雁阵分而复合。水围中，康熙皇帝豪情勃发，诗作连篇，如《风阻驻跸白洋湖偶成》：

平波数顷似江声，风阻湖边一日程。
可笑当年巡幸晚，依稀吴越列行营。

为了水围和南巡的需要，康熙皇帝在天津还建造了 6 座船坞，以备贮藏和修理御舟之用。同时，还在赵北口、郭里口、圈头和端村建造了 4 座行宫，以便在水围之余憩息和办理政务。4 座行宫皆在西淀。由于地势水多土浅，加之雨浇水浸，到乾隆初年，4 座行宫岸址房间均已损坏(见图 3.9)。

乾隆皇帝仿效先帝之举，也曾 4 次到白洋淀进行水围。为了筹备乾隆十五年(1749 年)春的水围，乾隆皇帝于头年冬季花费 10 493 两白银，修理了这 4 座行宫。乾隆皇帝还写下了一首《白洋淀水围》的诗：

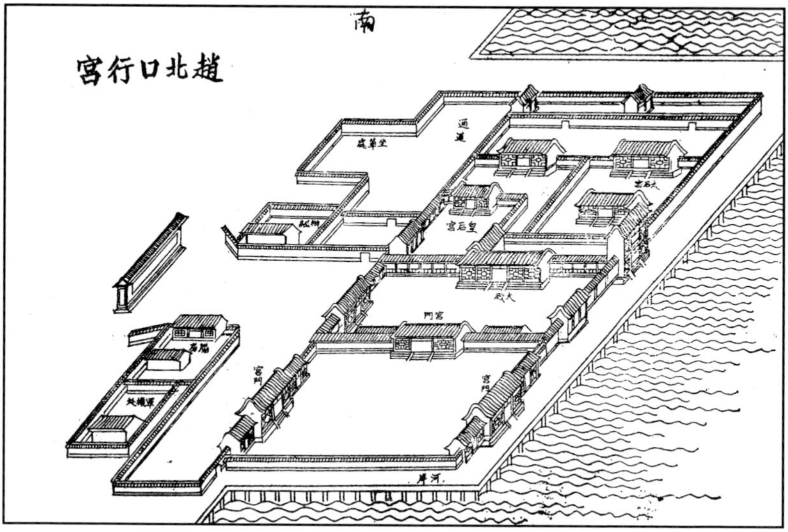

图 3.9　赵北口行宫示意

资料来源：《安新县文史资料》第 3 辑第 87 页。

远碧极空明，风恬镜影平。鸿絧排叶舫，齐止视虞旌。
水猎方山猎，欢声发棹声。合围徐俟际，五字适因成。
皇祖修春猎，端因重武功。继绳予悃切，踊跃众心同。
箭发鸥浮水，鎗鸣雁落空。停挠颁获罢，满意畅东风。

全诗既写出了白洋淀空明澄碧的美丽景色，也反映出乾隆皇帝潇洒自若的帝王风姿。但是，在乾隆皇帝以后，直至清末，再也没有皇帝来白洋淀进行水围了。

▲ 文学作品中的雄安地区

元明清时期，雄安地区三县开始出现在文学作品中。金末元初著名文学家元好问(1190—1257)在其所著志怪短篇小说《蛙化鼠》中，讲到了白洋淀的一件怪事：

燕南安州白羊淀，南北四十里，东西七十里，旧为水所占。近甲午岁，忽干涸，淀中所有蛙黾，悉化黑鼠，啮茭草根尽。土脉虚松，不待耕垦，投麦种即成就。其居民不胜举，听客户收获，但取课而已。此地山草根胶固，不受耕，其因鼠化得麦，亦异事也。淀有石刻云："天荒地乱，莫离此淀；有水食鱼，无水食面。"是则前此亦尝得麦乎？张侯德明说。

干涸的淀里居然长出了麦子，且不用耕种，实乃怪异事也。志怪小说不足信，但白洋淀干淀的历史事实却不容忽视。这是一则作者听来的异事，对我们了解白洋淀早期的环境与民俗很有益处。

清代，白洋淀的风景应该是很怡人的，适合文人在此生活、读书、交游。清代著名学者李塨(1659—1733)所撰《恕谷后集》有一篇《冯先生传》，内中记载：

冯先生名梦征，字绘升，安州人。以廪生选拔贡士，生而凝厚笃孝友。继母赵氏待之厉，先生先其意所欲阴遂之，遂以底豫，后每有盛威，先生谕之立霁。当是时，大河北孙征君锺元宗王守仁，刁孝廉包宗朱熹讲学，各著书鸣世，先生亦守程朱说，然结庐白洋淀旁，僻巷自修，恬如也(见图3.10)。

图3.10 安州古城墙遗迹

(杜书锋/摄)

这是写安州贡士冯梦征厚笃孝友、善待继母，他守持程朱之学，结庐白洋淀旁，怡然自得。另一位清代学者戴望（1837—1873）撰《颜氏学记》，其卷十记载了这样一件事：

> 郑知芳，字若洲，枣强人。与张瞻仰皆安溪李相公门人，后同来李先生里问学，为刊颜先生年谱。安溪巡抚直隶，尝扈跸白洋淀，荐先生知律吕，使其门人来召，先生不应。其徒忌之，先生安之若无事者，卒无事。

这篇文章写的是清朝理学名臣李光地（1642—1718）随康熙皇帝来白洋淀，曾荐举过枣强文人郑知芳。根据戴望的记述，估计郑知芳当时应该是在白洋淀内或附近的村庄著书立说。

清代著名诗人查慎行（1650—1727）是当代著名作家金庸的先祖。他是浙江海宁人，好游山水，曾至白洋淀，并写下了《赵北口》一诗：

> 燕南赵北际，地是古易州。两淀亘一堤，堤长若桥浮。
> 前年驱车过，泞淖没我辀。雨脚飐飐垂，心怀失足忧。
> 至今旅枕梦，涩缩不敢投。兹来喜春霁，日色和且柔。
> 晨餐具鲜鲫，门有晒网舟。飞沙隔岸来，风削堕浪头。
> 俯见夹岸柳，枝枝倒清流。人生各有营，偶过难久留。
> 愧此千顷绿，一週雪毛鸥。

据说，“燕南赵北”指的是战国时期燕国与赵国的分界处，大概古代的赵北口正处在这样的地理位置上，故而以“燕南赵北”代指赵北口。赵北口是安新县的一个镇，紧靠着白洋淀的东岸，往北不远是雄县地界，往南1千米就是枣林庄了，枣林庄水利枢纽是白洋淀水下泄的主要通道。在这样一个连接南北的水陆交通要道上，过去曾建有12座桥梁，俗称赵北口十二连桥。清代诗人陈启佑曾写过一首咏十二连桥的诗：

十二长虹碧汉通，鞭丝帽影惜匆匆。好风为扫尘沙去，收拾湖光到眼中（见图3.11）。

图3.11 枣林庄水利枢纽

（杜书锋/摄）

可惜的是，20世纪60年代根治海河时修建枣林庄水利枢纽工程，先拆除了赵北口村南的六座桥，建起了大型溢洪堰。后来不知何故，十二连桥中的其他桥梁也被拆除，痕迹全无。据说在其中的一座桥旁建有一座牌坊，上书"燕南赵北，碧汉层虹"八个大字，路旁立有高大界碑一块，镌刻着"燕南赵北"四个字。明清两代，赵北口十二连桥之地属任丘、雄县管辖，1946年划归安新县，故而在任丘与雄县交界的那座桥旁才会立有界碑。清朝的乾隆皇帝曾写过题为《鄚州道中》的一首诗，诗云：

我爱燕南赵北间，溪村是处碧波环。
若教图入横披画，更合移来几叠山。

这首诗虽然以"鄚州道中"为名，却也是写赵北口的。当时的赵北口是水陆交通要道，康熙皇帝和乾隆皇帝到白洋淀进行水围，有多次就是在赵北口弃舟登岸的。明清两代，以赵北口为题的诗不下40首，可见其地理位置的重要。

▲ 明清时期雄安地区农村聚落的形成与命名

不独赵北口有故事，明清两代雄安地区的许多村庄也都有其来历和故事。经过元末群雄混战及明朝前期的“靖难之役”，雄安地区的人口严重衰减，村庄急剧湮灭。明代聚落的恢复和发展所形成的村庄，大多是永乐年间(1401—1422年)从山西等地迁来的居民定居下来形成的。有的以血缘关系为纽带聚集成的居民点，以最早的定居者或数量、政治地位占优势的姓氏命名，在村、庄、屯等通称前冠以姓氏作为它的标志；有的用邻近的村落为参照，在其名称前冠之以前、后、东、西、南、北、大、小等表示相对地理方位、规模的饰词，构成自己居住地的名称。有些地名如安新县山西村，寄托了从山西迁来的人们对故土的怀念，也表明了本村居民最初的来源(见图3.12)。

图 3.12 安新县山西村明塔
(杜书锋/摄)

村庄的分解以及近距离的乡间人口流动，是明代雄安地区聚落增长的又一重要原因。由于某地居民增多或不同姓氏的家族矛盾冲突，迁出一支在附近另建新村，或先后从几处迁来的人们自然聚集成村，在明代多有发生，这些聚落名称的确定也受这一过程的影响。雄县米家务村，最迟建于北宋时期，随着人口不断增多，明初分作米东大村和米西大村两个聚落；明末，刘氏又从米东大村迁出一支，建立了米北庄和米南庄；田氏从米西大村迁出一支，建立了米西庄。容城县南张堡是由毗邻的大张堡村迁出，在原有地名前冠以“南”字，是后来为区别这两个村庄而自然加上的。安新县辛庄，是永乐七年（1409 年）与弘治十二年（1499 年）孙氏、辛氏分别由端村、马家寨迁来形成聚落并确定名称的。

为便于获取生产和生活资料，人们必须考虑河流广布的地理特点来选择定居处。有些地名部分地记录了聚落初建时期的地理位置和水文环境。例如，安新县增庄、喇喇地，在明代分别称作罾庄、拉鱼地，当时人们在这里捕鱼为业；端村，由于被水隔成 13 段，一段住着十几户人家，在清乾隆年间之前一直称为段村；雄县以“大阴”为统称的四个村庄，建在大阴洼这片沼泽中的高地上；安新县漾堤口、雄县张青口等村庄，形成于两河交汇处或河岸渡口旁；安新县老河头、大淀头、东淀头、西淀头、光淀、西涝淀、东涝淀、南曲堤、北曲堤，雄县龙湾、马蹄湾等村庄，坐落在河淀近旁或堤防上下。安新县大阳（原名大洋）、雄县浒州，直接显示了村庄周围早期低洼积水的景观。雄县白码、徐码、甄码、孔码，则是在河边码头基础上出现的村落（见图 3.13）。

清代，雄安地区没有发生类似明朝前期的那种大规模、远距离的人口迁移，新聚落一般是由本县或邻县某地迁出的居民所建。康熙年间（1662—1722 年）由容城县东牛村和王村迁出的居民，在东牛村四周建立了几个小聚落，依次定名为东牛北庄、南庄、东庄、西庄。安新县小王营，雍正年间（1723—1735 年）由本县东淀头迁来几户首先定居，因为它南边靠近小王村，于是将新聚落定名为小王营。

图 3.13　淀边的村庄

（李泽辉/摄）

除了上面所说的这种情形，清代雄安地区新聚落的形成还有如下三种类型。

第一，清初满族人入关后，在京畿各府州县全面展开了对民间田地的占夺，称为“圈地”，汉族农民不得不去建立新的聚落。雄县小庄，就是在清初旗人圈地时被迫由大留民庄迁出，在村南满人占界之外形成的新居民点，时称小留民庄。雄县杜家庄、徐庄、乐善庄、里合庄、半庄头等村庄，也是在相似情况下形成的聚落。

第二，一些租种地主土地或为他们看守麦场、坟墓的贫民，为了耕作或看守的方便，在其附近居住，日久逐渐成村。雄县杨家场、容城县西牛新庄窠，其前身都是地主的场院。雄县南徐庄、米宁庄原是看守坟茔的地方，新盖房曾是看守烽火台的地方。容城县侯庄，则是清朝中期西关村侯、王、郭三户贫民，为免税迁到刑场附近做看守而逐渐成村的。

第三，河流决口，洪水泛滥，冲垮村庄，人们选择地势高处再建新居，从而导致地名与它所指代的聚落之间相互关系的变化。雄县赵岗、邢岗、程岗，明初建村时分别叫作赵各庄、邢各庄、程各庄，清雍正年间被大水冲淹后，迁居到附近高岗上，聚落所在与地名都发生了变化。阎家铺、大铺、道口，都是清嘉庆六年（1801年）大清河决口冲垮赵村南街后迁来聚居的，起初搭铺为舍，故前两处聚落始称淹家铺、搭铺。容城县北后台、南后台，是光绪六年（1880年）南拒马河决口冲垮西岸的小柏庄后，居民分别迁至村西面的北后高台、南后高台才改名的。

三、近代以来的雄安名流与战争硝烟

近代以来，雄安地区出现了不少风流人物，以潘龄皋、陈子正和陈调元为突出代表。抗日战争全面爆发后，雄安地区涌现出了无数仁人志士，谱写了全民族抗战的光辉诗篇。

▲ 近代以来的雄安名流

潘龄皋（1867—1954），字锡九，号葛城居士，安新县安州镇西北村人。他经历了晚清、民国和中华人民共和国三个历史时期，不仅担任过多种官职，还是一位著名的书法家（见图3.14）。

图3.14　潘龄皋

潘龄皋幼年家境清贫，全家靠祖父教书与母亲纺织为生。幼时天资聪颖，入塾后勤于攻读，常夜点香火照明以自学。清光绪七年(1881年)，考中秀才。后外出受聘做塾师，白天教书，夜晚自学深造，兼习书法。他通经史，旁及诸子百家；喜读唐诗宋词、明清古文，尤擅书法。光绪二十年(1894年)，赴京应乡试，考中举人，翌年中进士，授翰林院庶吉士，人称潘翰林。在翰林院3年后，于光绪二十四年(1898年)赴甘肃，任隆德县知县。在任期间，他多施惠政。民感其行，甚为爱之，曾有扒靴留帽立生祠之说。此后，他又出任张掖、皋兰知县，秦州、肃州知州，不久又被任命为兰州知府，但未到任即被选拔为甘肃省巡警道。于光绪三十二年(1906年)卸任还乡。

中华民国建立后，潘龄皋曾暂代任甘肃省提学使、布政使。1914年6月出任边关道(安肃道)道尹兼嘉峪关监督，1919年3月辞职。1921年6月，大总统徐世昌委任他为查勘甘、新禁烟大员，1921年10月任甘肃省省长。因军阀倾轧，派系纷争，迫于形势压力，于第二年7月辞职，回家乡安州赋闲。居乡期间，潘龄皋闲静少言，深居简出，苦攻书法。

“七七”事变后，潘龄皋曾任安新县县长。1938年日军占领安州后，多次请潘出任县维持会会长，他拒受伪职，遂于1938年1月逃离家乡，定居北平。随之，日军多次诱逼潘龄皋出任河北省伪省长，他均以种种借口坚辞不受，日酋恼羞成怒，遂命宪兵将其逮捕。被捕时潘龄皋穿戴好寿衣寿帽，以示不再生还的决心。入狱10多天后，经友人取保释放。他宁肯以鬻字收入维持生计，也不俯首于日军换取荣华富贵，保持住了民族气节。

中华人民共和国成立后，潘龄皋被任命为中央人民政府革命军事委员会参议；1951年7月，被聘为中央文史研究馆馆员。他还是北京市人民代表会议第一、二、三、四届代表，北京市第二届政协委员。晚年的潘龄皋生活安定，心情舒畅。周恩来和吕正操曾亲自到他家访问，并为他调换住宅。1954年6月19日，潘龄皋病逝于北京，享年87岁。

潘龄皋的书法艺术自成一家，名重平津和冀中一带，与谭延闿齐名，时有“南谭北潘”之论。他曾为京津许多商号店铺书写匾额；北京颐和园、北海团城也有他书写的碑文和楹联。民国时期，北京、天津为他出版过14种字帖，其中尤以《胡大川幻想诗》《南濠诗话》《又一村诗话》《潘龄皋太史墨宝》最为著名(见图3.15)。

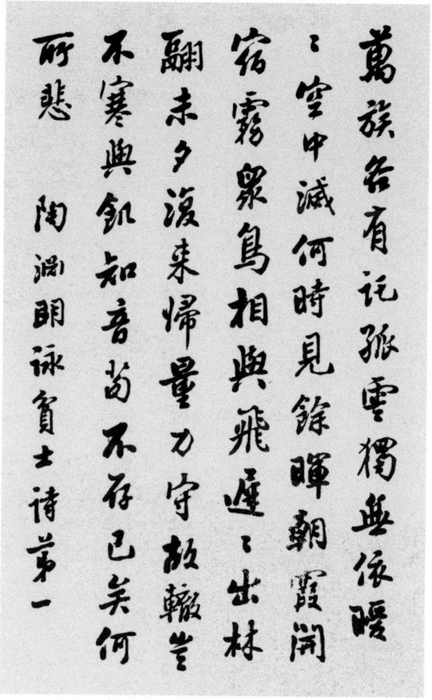

图3.15　潘龄皋书法作品

资料来源：《洁清自守：潘龄皋书法集》，第15页。

潘龄皋轻财仗义，乐善好施，为乡里做有善事。有一年，安新县东向阳村的白洋淀四门堤决口，大片良田被淹，房屋倒塌，人民生活极度困苦。潘龄皋筹募款项，设平粜局，从东北购进高粱、玉米等，在县堤公会(安新富豪杨木森主办)平卖，运费、耗损等均由他担负，造福乡梓。

陈子正(1878—1933)，又名陈纪平，雄县李林庄人。我国近代著名武术大师，武术教育家。擅鹰爪拳，被世人誉为“鹰爪王”。

陈子正6岁开始习武，他的老师是当时被人们称为“江北刘”的刘成有。刘成有是雄县孤庄头村人，他的软硬功夫都非常好，而且他还是陈子正的舅舅。刘成有经常教诲陈子正说：“你一定要刻苦练功，将来成为有用之材。”陈子正自跟随刘成有学习武艺以来，谨遵师教，勤学苦练，着魔如痴。李林庄到孤庄头村，往返有五里路，他每天都是踢腿去踢腿回。有时回家晚了，已然关门闭户，他就攀树越墙，跳入院内。他不仅白天练功，就连晚上睡觉也要双腿劈叉身体侧卧床上，经常一觉醒来，跃身而起，习拳数趟。平常行走坐卧，两手也是抓、擒、捋，内外缠腕不离手，春耕秋忙从不间断。麦子收到场院，他是“前刺腿”去，“后刺腿”回，满场麦子纷飞。为练鹰爪功，他坚持捋桩，每天都是 1 000 多下，几年下来竟将直径三寸的木桩捋细寸许。刘成有所传武艺以打为主，每次教给徒弟新手法时，都要与弟子在相搏中授之，陈子正经常被颠跌丈外。刘成有还在晚上或白天将门窗遮挡严实室内黑暗掩无光再与陈子正交手，有时陈子正被打得几天爬不起来，但他依然毫不畏惧。在刘成有的精心指教下，几年工夫，陈子正的武艺就有很大精进(见图 3.16)。

经过 20 年的勤学苦练，陈子正将少林拳、翻子拳、岳氏散手、鹰爪拳逐一学通，并各门拳术精华融会贯通，形成了兼具内外家功夫的新拳种——鹰手拳。长年累月的艰苦训练，使他的手指如十根钢针般坚硬，手指关节粗大，外门功夫已练到炉火纯青的地步。和他交手之人，被他擒住后轻者动弹不得，重者骨断筋折。凭着高超的武艺，陈子正成为当时河北首屈一指的武林高手。

成为武林高手的陈子正，还非常讲究自身修养，从不恃艺欺人。据说，有一次，村里的十多个小伙子要跟他较量武艺。陈子正不慌不忙地将上衣脱下，看到场院中有一个碌碡，重数百斤。他用二指将其掀起，把衣服压在下面，众人十分惊讶，无人再敢说起与他较量的事情。还有一年秋天，李林庄村的张姓人家拉了一车土，陷入泥坑里，车把式使劲用鞭子抽打牲口，仍然拉不出来。正巧陈子正路过，他走上前去，双手扳住车辕，猛用力将车从泥坑

图 3.16　陈子正(左二)等在上海精武馆任武术教官时留影

(邢凤民摄于陈子正故居)

里拉了上来,在场的人都惊呆了。陈子正抬脚给大家看时,鞋已蹬裂。

陈子正的家乡常有盗贼出没,干些杀人越货的勾当。陈子正经常只身一人,驱邪除恶,保护乡里。1913 年农历八月的一个深夜,土匪郭锡九的五个爪牙手持撅把手枪、大刀等兵器到李林庄村抢掠骚扰。陈子正闻讯而动,大喊要杀掉这几个蟊贼,吓得他们赶紧逃命。陈子正却紧追不舍,当他追到村西头的大坑时,贼人看到只有他一个人,便向陈子正围攻猛扑。陈子正赤手空拳,闪转腾挪,使贼人无从下手。陈子正蹿到一棵柳树前,用胳膊夹住树干,猛一用劲竟将这棵直径三寸的柳树拔了起来。于是,他手持柳树，先将拿枪的打倒，然后反把横扫，又打倒左右两边的贼人，五个贼人带着伤向芦苇地逃去。从此，贼人再也不敢来李林庄抢劫。至今，李林庄村还流传着陈子正“倒拔垂杨柳，只身斗歹徒”的传说。

1914 年，陈子正到袁世凯创办的模范团担任教官。有一位少将级的军官藐视武术，对正在教拳的陈子正说：“武术练得再快，也不如枪快。”陈子正说：“枪虽快，只能挎着，挎着就没有用。”这名军官不服，伸手拔枪。当时，陈子正离那名军官有数丈远，他纵身如电，军官的枪刚拔出就被击落于地，那军官立时羞容满面。因此，陈子正又得了个“闪电英杰”的称号。

陈子正对武术事业的贡献，还表现在他第一次将武术引入学校，成为一门正式课程。大约在 1915 年前后，陈子正受黑龙江省爱国人士刘凤池的邀请，前往当时的黑龙江省省会齐齐哈尔，先后在黑龙江省省立师范、省立一中教授武术，这是武术进入学校教育的最早记录。

1928 年，在南京举办了第一次国术大赛。应中央国术馆之邀，陈子正率弟子郭成尧、孙成之奔赴南京，郭、孙两人登台打擂并名列前茅。当时的中央国术馆馆长张之江希望陈子正一显身手。陈子正登台前，形意名家朱国福暗中在陈子正衣服背后写上“河北陈子正”五个字。不意先声夺人，陈子正数次登台，所拟定对手一见皆不战自退。陈子正的大名一时传遍南京。会后，张之江亲笔为陈子正题字“鹰爪王”，以示褒奖（见图 3.17）。

“九・一八”事变后，陈子正看到山河破碎、国民受辱，忧愤万端，曾多次向政府当局写信，陈述自己的抗日主张，但都遭到拒绝。他悲愤地说：“难道我国当局竟没有一个英雄带领人马打退日寇，收复失地？”愤慨之下，他编创了“平日剑”，希望有朝一日能领一支人马杀退日寇。志不得酬，每日以酒解忧，酒后使气，每慷概激昂，纵论天下事，而愤懑更剧。以至于忧积成病，每食必噎，虽多方医治，终不见效，于 1933 年 7 月 12 日 10 时在北平逝世，年仅 55 岁。陈子正故居今犹存，系河北省重点文物保护单位。

图 3.17 张之江书“鹰爪王”条幅

（邢凤民摄于陈子正故居）

陈调元（1886—1943），字雪暄，又作雪轩，安新县同口镇人。清光绪十二年（1886 年），出生于安新县同口镇的一个贫民家庭，父亲早亡，靠其母与其妹织席，供其入私塾读书。他发愤苦读，没几年便文理粗通。后来，他突然弃文学武，考入袁世凯在保定开办的参谋学堂。毕业后，到湖北武昌陆军第二中学堂任地理教官。他的学生中有两人日后名震天下，一位是何应钦，另一位是唐生智。

1913 年，冯国璋任江苏督军，陈调元在其手下任宪兵司令。冯国璋任代理大总统后，陈调元升任中央陆军第七十四混成旅旅长，后任徐海镇守使，坐镇徐州。1927 年，面对北伐军节节胜利的局面，陈调元命令他所率领的部队改悬国民革命军旗帜，宣布投诚国民革命军，被任命为国民革命军第 27 军军长兼安徽省政府主席。1934 年 12 月，任国民政府军事参议院院长，一直到 1943 年因病去世。

陈调元身材高大，总是一副乐呵呵的憨厚外表，人送外号“陈大傻子”。实际上，陈调元一点都不傻，他为人慷慨，善于交际，足智多谋，工于趋附。不管哪个社会阶层的人，他都能保持联系，且有交情。早在上学时就与段祺瑞、靳云鹏有师生之谊，1933年段祺瑞南下上海，就是住在陈调元的公馆里。江苏督军齐燮元、山东督军张宗昌、东南五省联军总司令孙传芳都跟他有交情，甚至上海的帮会首领黄金荣、杜月笙、虞洽卿，也跟他是知心朋友。他和广东的革命派孙中山、奉天的“关东王”张作霖、西北军首领冯玉祥等这些实力派人物，也都有往来。正由于他编织了这样的关系网，且能见风使舵，所以他才能长期立于不败之地。

陈调元生平中最为得意的一件事，是在“临城劫车案”中的出色表现。1923年5月6日，山东巨匪孙美瑶在津浦铁路临城段抢劫了一列火车，车上中外旅客数百人被掳去，这就是震惊中外的“临城劫车案”。山东督军田中玉气急败坏，却无计可施。陈调元时任徐海镇守使，赤手空拳孤身赴匪窝谈判，靠一张满口江湖义气的嘴，居然和匪首结交为兄弟，200余名中外人质全部获释，孙美瑶被收编为政府军营长。陈调元一时声誉大涨。这是他平生最得意的一件事，时常兴致勃勃地对人话说当年。

陈调元性格诙谐，多言善谑。西安事变中，他作为蒋介石的随行大员一并遭到扣押，一群慌慌张张的上将、院长、省主席，被士兵们举枪吆喝着赶羊一样赶到西京招待所大厅圈起来。大家都疑虑万端，忧惧惶恐，唯陈调元嬉皮笑脸大喊：“咱这里有上好的美国克力架香烟，谁想抽，每支五毛。此时此地，这个价钱大约不贵罢！”惹得大家相顾莞尔。

次日，在软禁的房间中，闻到对面蒋百里的雪茄香味，又嚷嚷着：“咱的烟抽完啦。愿意五毛一支赎回！可好？”遭到卫兵的粗暴训斥，他也不气恼，笑嘻嘻的不再吭气。片刻，他又频频向卫兵请假小便，以期能和难友在小便池旁交流些信息，这个办法被广泛采纳，一众大官儿顷刻都成为逐臭之夫。名记者陶菊隐评论说："上将阶级的将军用这个方法来欺骗小兵，世事可以说真是如儿戏一般。"西安事变和平解决后，陈调元回到南京。

图 3.18　波澜不惊的白洋淀

（刘军英/摄）

抗日战争全面爆发后，陈调元随国民政府西迁重庆。他这时虽然才 50 来岁，可是因为他早就有吸鸦片烟的嗜好，所以身体很不好。他知道蒋介石不吸烟、不喝酒、不喝茶，而自己却吸食鸦片，常怕因此嗜好而失宠于蒋，因此戒吸鸦片而改打吗啡针，以致身体日渐衰弱。

1943 年夏，陈调元赴西北巡视，在兰州突患喉癌，回重庆医治。此病当时被视为绝症。陈调元生平排斥中医，只信西医，然而西医越治越重，相顾束手，病得奄奄一息。家人正在准备后事，忽有下属某科长登门自荐，说道："院长此病中医叫作牙痨，我家祖传有专治牙痨的汤药验方，愿意效力。"家人寻思，"死马当成活马医"也罢。不料，一服汤头服下，居然立刻见效，话也能说了。一周后，吃饭说话均已自如，居然眼看病就好了。陈调元大为感激，视其为再生父母，发誓要好好报答。那科长却若有所思，对他家人交代："院长此病，说阿弥陀佛还为时过早，总要过了今年冬至，才敢必保无事。"说也奇怪，一直以来陈调元气色极佳，整日邀人打麻将，然而就在 12 月 28 日，他的病势突如雪崩，次日即大口咳血而亡，享年 58 岁。1944 年 2 月 2 日，国民政府追晋陈调元为陆军一级上将。

▲ 抗日战争的烽火硝烟

七七事变后，抗日战争全面爆发，雄安地区很快被日军占领。日军侵入白洋淀后，在白洋淀决堤 128 处，千里田园变成了汪洋一片。日军所到之处实行"三光"政策，血雨腥风染红淀水。在中国共产党的领导下，1939 年春天白洋淀组成了水上游击队，"雁翎队"由此诞生，雁翎队最主要的战斗任务就是攻击通过白洋淀的敌人的运输船，有效打击敌人的后勤运输线(见图 3.19)。

为什么这支队伍取名"雁翎队"呢？1940 年 3 月的一天，中共安新县委书记侯卓夫同中共安新县三区区委书记徐健一起来看望三区区小队(由水上游击队扩建而成)，并宣布了县委的决定：任命陈文汉为区小队队长，邓如意任副小队长，赵辛任政治指导员。侯卓夫了解到，区小队队员使用的每支大抬杆枪的信口上都插着雁翎，既可防止露水打湿火药，又可在发射后用以捅开信口之用。侯卓夫高兴地对大家说："咱们这个小队就叫雁翎队好不好？"指战员们齐声叫好。从此雁翎队的名字传开了。关于雁翎队的战斗事迹，著名记者穆青在 1943 年曾写过一篇题为"雁翎队"的通讯，文章写道：

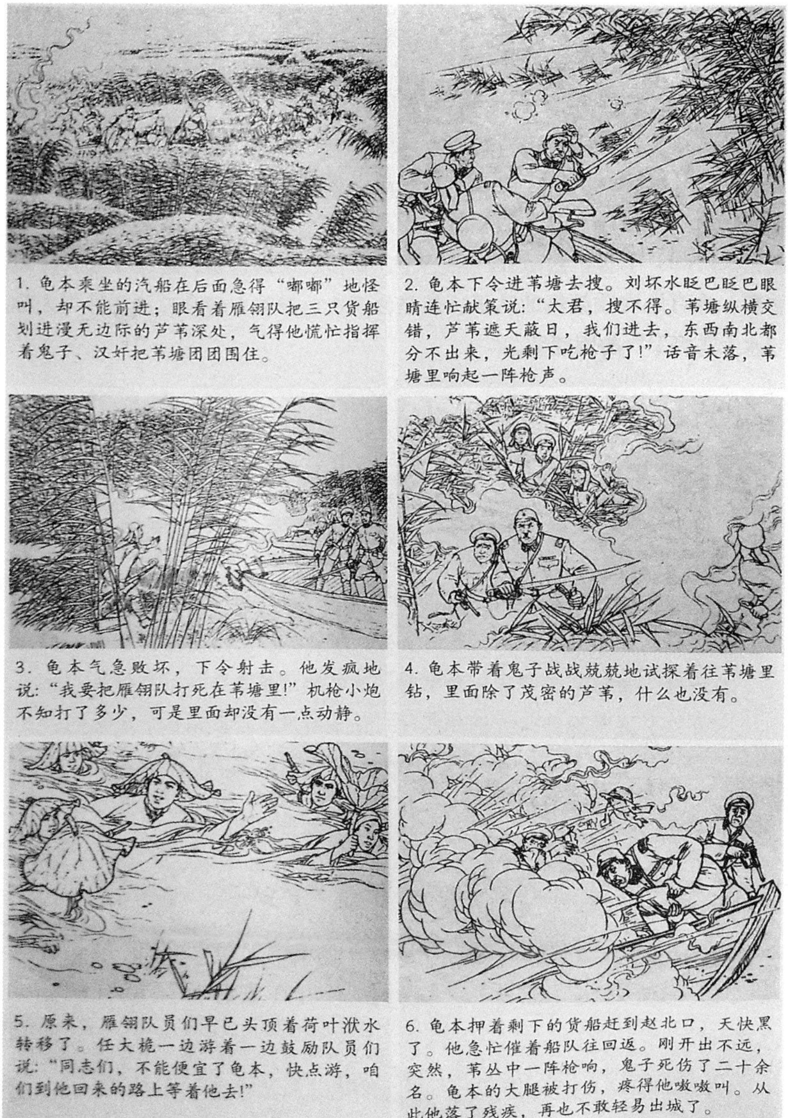

图 3.19　连环画《雁翎队》节选

他们在白洋淀的每一个港汊间，为敌人撒下了严密的埋伏网，猎枪从芦苇的背后，瞄准了敌人的汽艇、包运船和粮队。白洋淀湛蓝的湖水，被枪声翻搅起来了，一望无际的荷莲和紫菱遭受了空前的蹂躏。傍晚再听不到饲鸭人嘎哑的吆唤，清晨再听不到那优美的采菱歌。

秋天，数十里纵深的芦苇在呼啸着，漫天飞舞着雪白的芦花。偶尔一条银色的鱼带着泼剌剌的水声，欢愉地从莲叶间跃出水面的时候，一群群潜伏的水鸟，便带着低沉的鸣叫，来回地从湖面掠过。……这是白洋淀上美丽的季节，也是水上英雄们活跃的好时候。

他们依仗着惊人的水性和准确的射击，依仗着水藻和芦苇的保护，三三两两驾着行驶如飞的雁翎船，到处分散活动，袭击敌人。一旦发生紧急情况，一声呼啸，几发信号枪，周围所有的雁翎船，便立即从四面八方同时出动。有时为着某种必要，在夜雾和晚风飘拂着的湖面上，他们将成百的雁翎船集中起来，趁着月色，悄悄地掩护着我们的水上运输。有时他们也会在一个橘色的黎明，突然包围了敌人的水上据点给予猛烈的袭击。

“1943 年，环境大改变，白洋淀的岗楼端了多半边。子弟兵们多勇敢，要叫鬼子的包运船有来无返……眼见包运船，来到芦苇前，弟兄们一见心呀心喜欢，队长的盒子(枪)往上翻，打得望天猴(瞭望哨)栽到水里边，唉嗨哟，栽到水里边……”这是《雁翎队之歌》，反映的是 1943 年白洋淀地区抗战形势的好转。那一年，日军在白洋淀周边建起的 38 个据点大都被端掉，到秋天时，只剩下王家寨和赵北口两个据点了。也就在这时，雁翎队历史上最富传奇色彩的一场战斗打响了。

那时候，日军从塘沽往保定运送军需给养，要穿行白洋淀四五百里地。他们往往是将十几艘船首尾相连，绵延百余米长，被称为“包运船”。1943 年 9 月 14 日黎明，雁翎队全体出动，埋伏在王家寨东边的横埝苇塘里，全歼了由 100 多只货船组成的包运船队，缴获了大批物资(见图 3.20)。

图 3.20 王家寨旁的水域

(杜书锋/摄)

雁翎队最后发展到 100 多人，成了白洋淀地区抗击日军的有生力量，有力地配合了主力部队的作战。他们利用冰上、水上优势与日伪军交战 70 余次，击毙日军 25 人，俘 30 人；击毙伪军 250 人，俘 500 多人；缴获步枪 500 多支，手枪 48 支，等等。为上级党政军机关输送干部、战士 600 余人，被冀中军区评为抗日先进集体。

雁翎队之外，雄安地区有很多人参加了八路军，并为国捐躯，

“狼牙山五壮士”中的胡德林、胡福才就是他们当中的杰出代表。胡德林(1922—1941)、胡福才(1923—1941)系叔侄俩，都是容城县郭村人，晋察冀军区一分区一团七连六班战士。1941 年 8 月，华北日军对北岳区抗日根据地实行空前规模的大“扫荡”。9 月 24 日，日军进攻河北省易县狼牙山一带，企图一举消灭晋察冀一分区领导机关和主力部队一团。当夜，一分区领导机关和一团主力转移外线，仅留七连二、六班在狼牙山牵制敌人。25 日拂晓，当敌人猛攻狼牙山时，六班班长马宝玉率二、六班战士接连打退敌人的 4 次冲锋。中午时分，二、六班战士大部奉命撤走后，为确保主力部队安全转移，马宝玉与副班长葛振林，战士胡德林、胡福才、宋学义等 5 人，开枪将敌人引上狼牙山棋盘陀顶峰的山顶绝路，并利用有利地形猛烈还击敌人的连续冲锋。最后弹尽粮绝，仅存一枚手榴弹。他们继续用石块砸击敌人。当敌人迫近时，他们将最后一颗手榴弹投入敌群。随后，马宝玉带领 4 人走到悬崖边，将所携枪支扔下山崖，然后跳崖自尽。马宝玉、胡德林、胡福才 3 人壮烈殉国，葛振林、宋学义在半山腰被树枝挡住，负伤脱险后返回部队。

1942 年春，晋察冀边区政府在狼牙山上修建了“三烈士纪念塔”。1959 年和 1986 年在原址重新修建了“狼牙山五壮士纪念塔”。2009 年 9 月 14 日，“狼牙山五壮士”被选入“100 位为新中国成立作出突出贡献的英雄模范”之列。容城县本地诗人温广周曾赋诗一首，赞扬胡德林、胡福才的英勇牺牲精神是“容城三贤”刚正不阿、敌视邪恶之精神的继承和延续：

三贤遗事育后人，二胡刚烈亦超群。
燕赵悲歌一脉续，跳崖殉国泣鬼神。

抗日战争时期，雄安地区不仅有英雄的八路军战士、民兵和雁翎队，还出现过鏖战正面战场的抗日名将，孙连仲即是其中最有名的一位。孙连仲(1893—1990)，乳名席儒，后改名连仲，字仿鲁，雄县龙湾村人。1913 年，孙连仲在未征得母亲同意的情况下，私自到县城应募，怀着报效国家的情怀参加了北洋军阀部队。全面抗战爆发后，孙连仲升任第二集团军总司令，第一、第五战区副司令长官，第十一战区司令长官。

第二集团军是台儿庄战役中方的主力部队。1938 年 3 月 14 日，日军矶谷师团向山东滕县进攻，拉开了台儿庄战役的序幕。3 月 14 日，日军骑兵 300 余人在战车的掩护之下，向台儿庄方向冲来，与守卫台儿庄的第二集团军在康庄发生遭遇战，台儿庄战事正式爆发。第二集团军脱胎于冯玉祥的旧西北军，在中央眼中是杂牌部队，人员、弹药长期得不到补充。这支部队名义上称为集团军，实际上只有 3 个师，在台儿庄有两万余人；而日军有一万多人，以当时两军火力水平，中国军人的人数需在日军的 7 倍，双方才能战平。为了弥补人数与火力上的劣势，中国士兵付出了极大的努力和牺牲。

至 4 月 3 日，台儿庄的三分之二已为日军占据，日军电台宣称已将台儿庄全部占领。但我军仍据守南关一隅，死拼不退。孙连仲对请求准予撤退的第三十一师师长池峰城说："士兵打完了你就自己上前填进去。你填过了，我就来填进去。有谁敢退过运河者，杀无赦！"在孙连仲的严令下，第二集团军官兵守住了台儿庄，为取得台儿庄战役的胜利奠定了基础。

孙连仲因台儿庄战役的卓著战功晋升二级上将。除了台儿庄战役，抗战期间孙连仲还参加过武汉会战、豫南会战、石牌会战、常德会战等大小战役 30 余次，战功卓著。1945 年 10 月 10 日，时任第十一战区司令长官兼河北省政府主席的孙连仲作为平津区受降主官，在北京故宫太和殿接受日军投降。

第四章

经济社会发展

雄安新区既有面积较大的淀泊湖区，又有连续成片的平原，长久以来一直以捕鱼和农耕为主要的生产方式，村庄是主要聚落形态。随着西方文明的冲击和渗透，雄安地区开始了近代化转型，而在改革开放以后新的历史时期又获得了新的发展。

一、近代以来的社会经济转型

清咸丰十年(1860 年)，中英、中法《北京条约》签订，天津被迫开放为商埠。《北京条约》是第二次鸦片战争的产物，清政府在英法联军兵临城下的情形下，不得不答应英法等国修约、续约的要求，天津因之成为对外开放城市，历史上称为“天津开埠”。天津开埠不仅对天津本身的发展产生了巨大影响，而且也对雄安地区的经济社会发展产生了巨大影响。

▲ 清末民初的社会经济转型

尽管雄安新区与天津从未有过行政隶属关系，但由于它们处在天津与保定的交通要道上，有着“上府(保定府)下卫(天津卫)”的交通区位优势，故而较早地接触到了来自西方的近代文明成果，推动了当地的社会经济转型。其影响具体表现在以下三个方面。

第一个方面的影响是，从保定至天津的内河运输发展起来，雄安地区的大清河水系和白洋淀成为这条内河运输线的主要依托。清同治九年十月(1870 年 11 月)，清政府决定裁撤三口通商大臣，“所有洋务海防事宜”归属直隶总督，同时谕令“将通商大臣衙署改为直隶行馆，每年海口春融开冻后，移驻天津，至冬令封河，再回省城，如天津遇有要件，亦不必拘定封河回省之制。”至此，朝廷明确规定了直隶总督由保定、天津轮驻制，直隶双省会制是全国首例，也是唯一的特例。在铁路运输和公路运输极不发达的年代，直隶总督往返于保定、天津间的交通方式首选水路。

同时，随着直隶省会“轮驻制”的实施和口岸开放的深入，保定的经济地位逐步下降，天津的经济地位逐步上升，两地间的货物交流越来越频繁。从天津输入的主要是工业品，至保定分散流入各个县乡村庄，而各个村庄乡镇汇集的农副产品，也大都从保定的刘守庙码头装船向东运往天津，内河客运也有了很大发展，并筹建了机轮船的航班业务。中华民国成立后，由直隶省行政公署和北京政府海军部大沽造船所合资创办的直隶全省内河行轮局，于 1914 年正式开业。而行轮局正式通航的第一条航线即津保内河航线，于 1914 年 6 月 3 日试航，6 月 15 日正式开始旅客轮船运输。津保内河航运的繁盛，给沿线的新安镇、端村、安州等码头带来了经济上的繁荣。20 世纪 60 年代，由于上游修建水库，进入白洋淀的水量减少，津保内河航运量锐减，到 20 世纪 80 年代初彻底终止(见图 4.1)。

第二个方面的影响是，由天津传递过来的近代工业文明改变了雄安地区的生产方式和生活方式。清光绪十一年(1885 年)，天津至保定的有线电报线路开通，经过雄县、安州、容城等县城，便利了这一地区的信息传输。宣统元年(1909 年)，安州商人投资

图 4.1　20 世纪 60 年代的白洋淀码头

资料来源：《中国白洋淀》，第 189 页。

1 万元开办了蚨丰织纺工厂，近代工业生产开始在此生根发芽。

第三个方面的影响是，传统的书院教育逐渐瓦解，新式学堂开始出现。袁世凯督直以后，在保定、天津开办新式教育，处于津保内河航线上的雄安地区得风气之先，也创办了多所新式学堂，其中有 3 所从传统书院改建的学堂很有特色。

雄县雄文书院又称九河书院，清同治十二年（1873 年），知县松龄提县库杂款创建，因雄县为九河下游而命名为“九河书院”，后易名为雄文书院。初创时，院内有讲堂、号舍，后来因无余款请山长招生肄业，院舍被借作县署，即“知县到任，往往以县署名圮毁，以书院为讼庭”。光绪三年（1877 年），清河道巡道叶伯英捐膏火银 1 500 两，发商生息，动利存本，置书院田地 87 亩，得租若干，始聘山长，招生童数十人会课，每月官、斋二课，由知县、山长分别评文。“自是以后，文运日兴”。光绪二十九年（1903 年）冬，雄文书院院舍改建为县立小学堂。

容城县正义书院原名正学书院，于清康熙十二年(1673 年)由知县赵士麟创建于县城北大街。光绪二十八年(1902 年)颁布《钦定学堂章程》后，书院停办。宣统元年(1909 年)春，在书院旧址创办县立高等小学堂。

安新县渥城书院始建于清康熙五年(1666 年)，初为渥城义学，系刑部尚书高景为家乡所建，后任知县相继捐修。光绪二十九年(1903 年)，书院改为新安高等小学堂。

图 4.2　范真女子小学师生合影

资料来源：《安新县文史资料》第 5 辑，第 121 页。

除新安高等小学堂外，民国初年安新县还办起了 3 所女子小学，分别是第一女子初级小学校(公立)、崇朴小学(清末拔贡伊人镜创办)和范真女子小学(见图 4.2)。范真女子小学是由新安城内基督教长老会福音堂附设的，可能开办于1915年前后，校长是新安镇镇长白俊臣。最初学生很少，到1937年时增加到150多人。开设的课程包括两类：一类是学生们称之为主门课的，有国语、算术、地理、历史、自然、卫生；另一类是学生们称之为外门课的，有体育、音乐、手工（劳作）、图画、习字（书法）、作文。这3所女子小学的创办，说明当时的雄安地区已经开风气之先了。

二、淀区和平原迥然有别的生产方式

雄安新区独特的地理环境和历史积淀，使得人们形成了特殊的生产方式。淀区居民主要以捕鱼、织席为业，同时兼种农田；平原居民主要以种植业和养殖业为主，同时也兼营工商业。

▲ 白洋淀的芦苇和织席业

“蒹葭苍苍，白露为霜。所谓伊人，在水一方。”这一来自《诗经》的诗句表达了人们对美好事物的赞叹之情。诗中的“蒹葭”就是芦苇，“水旁下湿者为苇，人家池圃所植者为芦”，实为一物。在白洋淀，芦苇是最为常见的水生植物，也是白洋淀人多少年赖以维持生活的基础产品。孙犁在小说《荷花淀》的开头部分就描写了白洋淀的苇子和苇席（见图4.3）：

> 要问白洋淀有多少苇地？不知道。每年出多少苇子？不知道。只晓得，每年芦花飘飞苇叶黄的时候，全淀的芦苇收割，垛起垛来，在白洋淀周围的广场上，就成了一条苇子的长城。女人们，在场里院里编着席。编成了多少席？六月里，淀水涨满，有无数的船只，运输银白雪亮的席子出口，不久，各地的城市村庄，就全有了花纹又密又精致的席子用了。大家争着买：“好席子，白洋淀席！”

图 4.3　芦苇
（高会良/摄）

在孙犁的白洋淀记忆中，苇子是留给他的最深的印象。在散文《采蒲台的苇》，起首一句就是：

> 我到了白洋淀，第一个印象，是水养活了苇草，人们依靠苇生活。这里到处是苇，人和苇结合得是那么紧。人好像寄生在苇里的鸟儿，整天不停地在苇里穿来穿去。

自然，在孙犁生活的那个时代，编织苇席应该是芦苇的最大用处。所以，1947 年孙犁又写下了一篇《安新看卖席记》，记下了他对席市的初步观感：

> 在安新集市上，席市是洋洋大观，从早晨各地席民就背

着挑着一大捆一大捆的席赶到集上来，平铺陈列，拥挤异常。

安新席以走京、卫、府、关东为大宗，此外走伍仁桥，则供应冀中上地农民使用，为量较小。

图 4.4　安新县端村街头织席的大娘

（杜书锋/摄）

白洋淀的苇席生产有着悠久的历史，它以皮白质佳而素负盛名。明弘治七年（1494 年）编纂的《保定郡志·食货志》中提到唐朝时就有土贡“席三千领”，宋朝时“席二千领”。可见，白洋淀织席业的出现最晚不迟于唐朝，迄今已有千年历史了。白洋淀的织席业最早始于安州一带，这不仅因为安州在历史上建置很早，而且正处于低洼易涝地区，“能赖以养命者，唯织席耳”“故家家以织席为生”（见图 4.4）。

白洋淀的苇席生产在明朝中后期已有了相当程度的发展。明万历三十九年（1611 年），安州关中知州张遂曾针对当时的人民生活状况撰写了《兴除》一文，大力鼓励栽苇植柳。他指出：“盖税粮拖欠多矣，田地荒闲，开荒之政终年奉行而终年之荒地未开，何也?”究其原因，不外是水害频繁，十年九涝。于是，他提出“为今之计，唯是栽植柳苇，在开荒政中为切实第一”。栽苇“一则可为席箔之用，一则可供柴薪之用”。从张遂的建议中，可以充分看出织席在当地居民生活中的重要地位。文中提到的栽苇方法，是对历来芦苇栽培技术的经验总结，并且一直为今天所沿用。

到了民国时期，白洋淀苇席的种类、规格、式样都有了进一步的发展。种类有苫垫席、炕席、囤席、包装席之分；式样有花席、桌面、人字、十字等十余种；规格、尺寸也多种多样。当时以安州的"州席"，关城的"大花席"和边村、垒头的"小边席"最为驰名。

随着苇席生产的不断发展，集市、客店、货栈、运输相继出现和兴旺。席苇集市以安州北关为最大。此外，还有曲堤、端村、关城、同口、老河头等席苇市，"远及数十百里来互市，蒸蒸日上"。据调查，抗日战争全面爆发前，每集上苇量多达 10 余万捆，上席量最高时达 500 捆，约万领以上。

抗日战争时期，白洋淀的织席业受到了严重摧残。一方面，残酷的战争环境使苇席的销售、原料与席民之间的联系割断了，苇席销售商不再来了，席民得不到原料和销路，再加上经常外出逃避兵荒，使许多席民不得不放弃织席生计；另一方面，日寇为了防止雁翎队的伏击，下令将各河道两侧的芦苇，各打出 10 余丈宽为开阔地，再加上苇田缺乏管理，造成苇子大量减产。

1949 年以后，白洋淀的苇席生产获得了很快的发展。到 1949 年年底，安新县的织席人数已达 25 700 多人，年产量达 340 万领，超过了抗日战争全面爆发前的生产水平。到 20 世纪 80 年代初，年产量达 600 万领以上，行销黑龙江、吉林、辽宁、内蒙古、山西、陕西、河南、青海、甘肃、北京、天津等全国 10 多个省、市(自治区)及河北内地。从 1974 年开始，每年有五六万领远销日本、新加坡、加拿大等国家。但是，随着社会经济发展和人们生产生活习惯的改变，苇席的用途大为缩减，白洋淀的织席业也逐渐走向下坡路。

"打苇箔"也是淀区人的一种手艺。到了秋季，银白的芦花在风中摇曳，大人们砍下一车车芦苇，开始"打苇箔"(见图 4.5)。打

图 4.5 打苇箔
（张学农/摄）

苇箔用的架子有两条腿、两根横梁，最上面是一根三四厘米宽、两米长的平台，前后各有10个拴绳的木轴。先把芦苇晒干，砍头去尾，弄成两米多长的标准尺寸。把麻绳先缠到绕线柱（也称为绕线锤）上，绕线柱很像一个缩小版的棒槌，10～15厘米长、直径2厘米。苇箔架子每边十个绕线锤，把一根芦苇放到架子上，把绕线锤从内外两个方向缠住，再放另一根芦苇，再把绕线柱翻一遍，依次编成两米多长的苇箔。这样编成的苇箔，用途广泛，首先是农家盖房铺顶的必备材料，至今我们仍可以看到许多传统老房子的屋顶，椽子上面先铺若干层苇箔，再涂上一层黄泥，上面再铺防水的油布，然后再盖瓦，平顶房子则要用石灰渣子三合土覆顶。

▲ 白洋淀的渔业生产

白洋淀的渔业生产历史悠久，鱼类水产种类繁多，且具有适于江河湖海水系生存繁衍的特点。自20世纪30年代以来，白洋淀渔业已基本形成了从培育种苗、放养、管理、捕捞、运输、销售一条龙的生产模式，并远销国内外，成为地方经济的龙头产业之一。天津文史学者张建在《口述津沽：民间语境下的西沽》（天津古籍出版社 2017 年版）一书中曾采集到老人们回忆 1939 年发洪水时白洋淀渔民逃亡天津的生活场景：

> 老河口聚集着不少从白洋淀一带过来的渔民，那会儿都是顺着大清河奔天津的，怎么说城市也比农村强嘛。所以他们就在老河口岸边打窝棚落脚，平常划着小船带着鱼鹰逮鱼，冬天在河边摇麻绳、编草。那前儿粮囤都用席子围，家家户户也都铺炕席，所以草席买卖可火了，要不这附近有个叫席厂的地方呢。

“划着小船带着鱼鹰逮鱼”，是白洋淀渔民的一种捕鱼方法，也可以称之为观赏性的捕鱼方法，2016 年 4 月 25 日新华社发过一篇图片报道，题目是《白洋淀畔的鸬鹚捕鱼人》，介绍了用鱼鹰捕鱼的方法（见图 4.6）：

> 4 月 24 日，任丘市李广村村民马法通在白洋淀中驾船载着鸬鹚去捕鱼。今年 53 岁的河北省任丘市李广村村民马法通，世代生活在“华北明珠”白洋淀畔，他是当地为数不多仍然靠养殖鸬鹚捕鱼的渔民。受捕鱼方式变革、自然环境变化、渔业资源减少等因素影响，养殖鸬鹚捕鱼的渔民越来越少，这种传统捕鱼技艺也濒临失传。马法通目前养着 14 只鸬鹚，坚持自己繁育、养殖、训练。他说，鸬鹚捕鱼是淀边人的记忆，他要将这个传统坚持下去。

上述文字中提到的鸬鹚，就是大家俗称的鱼鹰。据历史记

图 4.6 放鹰人

（田野/摄）

载，渔民养鱼鹰捕鱼已经有两千多年的历史。鸬鹚是鱼鹰的学名，有的地方叫它黑老鸦。羽毛总体黑色，头颈部呈紫绿光泽，嘴角和喉囊部黄绿色，眼睛下方白色，两肩背和翅羽铜褐色并具金属光泽，羽缘暗铜蓝色，尾圆形，头部有白色丝状羽毛，头后部有一不明显羽冠，虹膜翠绿如宝石。清代诗人吴嘉纪（1618—1684）写过一首《捉鱼行》的诗，对鱼鹰捕鱼作了生动传神的描写（见图 4.7）：

茭草青青野水明，小船满载鸬鹚行。
鸬鹚敛翼欲下水，只待渔翁口里声。
船头一声鱼魄散，哑哑齐下波光乱。
中有雄者逢大鱼，吞却一半余一半。

图 4.7 鹰排子
（田野/摄）

鱼鹰捕鱼极具观赏性：放鹰人把满载鱼鹰的“鹰排子”（“鹰排子”是专门为渔民放鱼鹰设计的一种小船，两头尖，船底突出成三角形，可容两三人，行驶极快）划入白洋淀的深处，然后用一根特制的木杆，把鱼鹰从鹰架子上一只一只挑起来再放入水中，口中不断吆喝出类似咒语般的各种口令，脚下踩动“鹰排子”特别安装的一个踏板，时而发出不同节奏感的声响，指挥鱼鹰们随时下潜上浮调整位置，追逐鱼类，不时有鱼鹰把捕获的鱼儿送上来，仿佛是一种仪式感极强的传统文化活动表演。

鱼鹰捕鱼的产量不会太大，因为现在的放鹰人已经很少了。同样的，使用捕捞渔具捕鱼，大约也只是闲暇时的一种消遣，不能算作渔业生产活动。生长于白洋淀的作家韩映山就回忆过小时候捞鱼的情形：

> 捞鱼，要用回子。回子是用网片和木圈制成的，木圈上绑着一个木把儿。捞鱼时，双手攥住木把儿，慢慢下到水里，然后猛劲一抬，鱼儿就在网兜里蹦跶起来，那情景，可上瘾哩！

回子是一种自制的捞鱼工具。有什么样的渔具，就有什么样的捕鱼方法。白洋淀的渔具大致可以分为 9 类 82 种，渔法则因捕捞地区的水域环境、水位、水面、水流以及季节和风向的变化而变化，并与不同鱼类的不同生活习性和活动规律直接相关，不同的渔具决定相应的渔法。白洋淀的捕鱼方法是非常多样的，有响板惊鱼、"迷魂阵"、扣花罩、叉晒、出汕等。

响板惊鱼 打鱼最常用的工具是渔网，所谓响板惊鱼其实也是用渔网打鱼的一种方法。打鱼人下好网后，下网人沿网的一侧一边剧烈摇晃船只，一边用铁棍敲击铁板，发出很响亮的声音。水波的晃动和响板声使浮鱼受惊，向船前进的方向逃跑而撞上网。据说，响板惊鱼是有来历的：从前在白洋淀水里有 9 只小金猪，村民都想得到它们。有一天，一个渔民驾着船在淀里捕鱼。他把一些食物放在船上，然后把一个铜盆伸进水里开始敲打铜盆，小金猪听到后都跳到了渔民的船上，而且这天渔民捕到的鱼特别多。从此，响板惊鱼就诞生了。

"迷魂阵" 在白洋淀的浅水地带或沟壕港汊的入口处，游人常可看到曲曲弯弯的苇箔围成的小圈子，这叫"箔旋"，是渔民另一种独特的捕鱼方式。什么样的鱼用什么办法对付，对那些傻鱼可用“花篮”“密缝”，对精明的鱼可用扎箔的方法。箔，是用粗细相等的芦苇打成，高约 4 尺，把一片片苇箔连接起来，戳在水中，露出水面 1 尺左右。随着地形，左盘右绕，拐弯抹角，形成一个玄妙无比的圈子——“箔旋”，当地人戏称之为“迷魂阵”。“迷魂阵”的四周，绿苇环抱，蒲草丛生，辅以各色小花点缀，是个天然的乐园。而浅水地带水温合适，水底藻类及软体动物丰盛，鱼儿都愿意到这个理想“王国”来玩。当鱼游到箔旋跟前，看到面前一堵墙似的东西阻住去路，觉得十分奇怪，绕着“墙根”往里游，一路东瞧西看，越看越觉得新鲜，游来游去，身不由己地顺着“墙根”就游进了“城圈”，迷失了方向。而越往里游“城墙”越密，景致也越佳。这样一直就游进了渔民为它们设计的最终归宿——鱼篓(见图 4.8)。

图 4.8　迷魂阵

(杜书锋/摄)

扣花罩　花罩是一种竹制的捕鱼工具，直径1米左右，高1.5米左右，圆形，像个没底带眼的大水桶。用它把鱼罩在里面，再用回子在里面捞鱼。扣花罩需要提前几天选址，水深在1～1.3米的芦苇边上，僻静的水湾最好。先把几十支芦苇盘在一起缠成一个大苇球作为标记，傍晚时在苇球下面撒下玉米粒、麦粒作为鱼饵，引诱大鱼前来吃食，许多贪吃的鱼儿就钻进了花罩里。

叉晒　叉晒的主要渔具是鱼叉。每年夏季，各种鱼类往往选择隐蔽的地方，如淀边浅水草丛、苇田边、园田边、壕沟边以及多苲草地带窝集产卵，鱼产卵后往往守护卵巢旁不离左右，行动迟缓有规律，非常适于投叉逮捕。因为都是成年鱼类，所以用这种方法捕捞到的多是黑鱼、鲤鱼、草鱼、鲂鱼、鳜鱼、刀鱼及元鱼等大个头鱼类。

出汕　出汕是白洋淀的一个大型捕鱼项目，人们结合收割苇子捕捞鱼称为出汕。出汕，分为秋汕、冬汕和春汕。深秋水凉了，苇田的水温较高，鱼儿都躲在芦苇里。打苇前，先用苇箔把苇塘圈住，然后边打苇边收箔，这种捕鱼的方法叫秋汕。如果看着鱼不够多，等到第二年春天再收割苇子、出汕，称为春汕。因为秋后附近的苇地都收割了，留下的汕地(汕地就是出汕作业的苇地)能把周围的鱼都吸引进来，所以春汕能增加好多鱼(见图4.9)。

出春汕和出秋汕除了季节不同，做法都一样。第一步，转大圈套苇子(在水里割苇子称套苇子)，这一步也叫“圆汕”，即把不规则的苇地割成圆形或椭圆形的。第二步就是“落箔”，沿汕地边缘闸成一个封闭的大圆圈。这项工作要在一天内完成，往往出动几十条乃至上百条船，最多时达160条。可以想象，那场面有多么壮观！第三步叫“打闲间儿”，船进入箔圈里，若干条船排开依次套苇，鱼听到套苇声音必然害怕，听到大镰的金刃带响之声必然向苇荡深处逃遁。闲间儿的鱼，可用鱼鹰捕捉，或用大罾捕捞。

图 4.9　冬季捕鱼

（张学农/摄）

第二天，套苇船再进入汕里，再打闲间儿，依次类推。随着汕不断缩小，汕里的鱼一步步被逼向苇地中心。当汕最后剩到两块箔长、一块箔宽（每块箔约长 5 米）时，渔民称之为“窝子”。这时，一个汕的鱼全集中在窝子，鱼挤得吱吱叫唤。这时可以在窝子的西南角外另闸一个半圆，称为旋。把窝子的箔拔开一个小口，鱼大量涌入旋里。人们开始捞鱼。两个人分站在两条船上，船头对船头。其中一人持网，拿一个带长柄的大回网，网头有横木。持网的人把网猛地往下一插，喊声：“搭手。”对面的人一猫腰，趁横木出水的一刹那，抓住横木，往上一抬，两人配合好一翻手，倒在一侧另一条船的船舱里。这一抬就是一两百斤，一倒就是半船舱。后边装鱼的船排队等着，满了一船再顶上一条船。往往一个汕出几十万斤鱼。

冬季结冰后，把苇田四周的冰破开，扎下苇箔，冰往外顺，箔往里赶，这种方法叫冬汕。出冬汕比较费事，天气又冷，渔民很辛苦。

▲ 平原地区的农业景观

雄安新区平原地区的农业景观迥异于白洋淀的水乡景致，以种植业和养殖业为主导产业。这里地面平坦开阔，土质疏松，加之开发较早，种植业历史悠久，种植业生产条件非常优越。两年三熟，主要农作物有冬小麦、玉米、棉花、花生、杂粮，一望无边的麦田和玉米地，是夏秋两季最主要的农业景观。

在《小兵张嘎》里，著名作家徐光耀通过小嘎子的眼睛描绘出当地的农业景观，那是嘎子沿着六郎堤进城的路上所见（见图 4.10）：

> 堤两边全是海似的绿油油的庄稼：旱地上，大多是高粱、棒子，已有半人来高，茁壮得像一排排的勇士；淀边上，大多是稻子和苎麻，绿叶儿映着清水，蛤蟆和蜻蜓在上下逗闹。

图 4.10　一望无际的麦田

（李泽辉/摄）

往远看，那一湾湛清清的淀水，直向天边上伸展过去，钻到一堆白云下面去了。近处的沟边堤沿，则全给苇子和红荆占满了，青草稞没有地方可挤，就一直铺排到堤顶上来。“纺织娘”和蛐蛐儿你飞我跳，不断弹落草叶上的露珠。

多么美的一幅乡间图画啊。“棒子”就是玉米，当地人总是这么称呼。堤里堤外的景观差别很大，但又有着一种自然的过渡。白洋淀周边种植水稻，这倒是事实。这里水稻的种植历史应该上推到北宋“塘泊防线”修筑之后，何承矩将水稻引种于此。诗人林莽写过一篇题为《水乡札记》的散文，里面提到了水稻种植和收获的景象：

这是白洋淀特有的一种水稻，它的秧苗能长两尺多高。春天，人们在浅水中插秧，夏季，水位越长越高，稻秧也跟着生长。到了夏末，站在齐腰深的水中，扶直稻秆，几乎和人一样高，水长秧也长，这是水乡淀稻最大的特色。

…………

深秋的季节一到，水位便开始下降，沉沉的稻穗垂在水面上，人们上身穿了棉衣，下面却打着赤腿，一手拉着船，一手拿着镰刀。割下的稻穗整齐地码放在两边的船舷上。

水稻种植在平原地区比较少见，但平原地区也有大田作物之外的独特景观。到了夏季，瓜果成熟了。当别人在享用鲜甜的瓜果时，种瓜人也在享受着他自己的劳动乐趣，尤其是守候在瓜棚里的那种感受。瓜棚是河北农村地区的一大风景，作家韩映山对此有过精彩的描述：

家乡的窝棚，多是用苇席和木棍搭成的，在河堤上，在禾场上，在鱼塘边，在瓜园里，常常搭着这样的窝棚，它像一幅画一样，点缀着平原上的风景。

每一个窝棚里，都会有一串故事，而故事最迷人的，要算瓜园的窝棚。

瓜园的窝棚，搭在瓜园中间，一般都是二层楼儿，支蓬起来，像京戏里诸葛亮的帽子；又有点像云南乡村的小竹楼。遇到刮风下雨，就把两侧的席翅放下来，里面风雨不透。遇到闷热天气，把席翅一支，小凉风幽幽的，用家乡的话说：得多多了！

瓜棚既然是平原地区的农村一景，我们完全有必要将之保留下来，作为体验农村生活的一个缩影。夏天和秋天的平原地区，还有新鲜的蔬菜出产，露天里的蔬菜种植也是很有特色的。韩映山的描述，让我们知道了雄安新区蔬菜种植的特色：

小菜园一畦一畦的，浮着一层露珠儿，格外显得水嫩翠绿，那大萝卜不管是红的还是白的，缨儿都是翠绿翠绿的，那大茎蓝把土皮都拱裂了，白菜挤得没缝儿，叶子向四方伸展，像是仰天大笑（见图4.11）。

图4.11　安新县王家寨村的菜园

（杜书锋/摄）

再看另一处描写：

小菜园真是茂盛，一畦大红萝卜，一畦大葱，一畦大白菜，一畦韭菜，都是那么水绿俊气；畦边上有开金色小花的鬼子姜，把菜园掩藏起来。

"鬼子姜"又名洋姜，是一种多年宿根性草本植物，有块状的地下茎及纤维状根。因其是从欧洲引进的，故而得了"鬼子姜"这么个名字。各家各户的小菜园都是那么可爱，这才是最美的乡村景致。

▲ 雄安新区的工业发展水平

雄安新区并不是传统工业的集聚区，但也有一定的工业基础，其中容城县的服装业、安新县的羽绒产业、雄县的塑料包装业具有全国性的影响力。

作为容城县的招牌产业，容城服装产业正式起步于 1979 年 10 月，标志是大河村创建第一家由农民开办的集体服装厂——京容服装厂。这一阶段的容城服装业，处于起步阶段。1993 年 7 月，《关于建设"中国容城服装城"的决定》的通过，标志着容城县的服装业开始追求品牌效应与市场营销。从 2004 年开始，容城服装业进入大浪淘沙的阶段，做大做强成为容城服装业整合提升的主要内容。2006 年，容城县被中国服装协会和中国纺织工业协会评为"中国男装名城"和中国纺织产业集群试点，与浙江义乌、诸暨并称中国三大衬衫生产基地。目前，该县共有服装企业 945 家，销售收入亿元以上企业 12 家，从业人员 7 万余人。

安新县羽绒产业起源于 20 世纪 80 年代初，是安新县的支柱产业之一。安新县羽绒产业的发展是与白洋淀的养殖业分不开的，养鸭、养鹅是白洋淀居民的一种生活传统，改革开放后大规模的养殖业发展起来，为羽绒产业提供了丰富而廉价的原材料。经过 40 年的发展，该县已有 110 余家羽绒企业，主导羽绒生产企业 68 家。截至 2015 年年底，安新县羽绒业完成总产值 50.7 亿元，占全县工业总产值的20%，产品销往韩国、越南、缅甸、意大利、德国、荷兰等40多个国家和地区。2016年，安新县被中国轻工业联合会和中国羽绒工业协会授予“中国羽绒之乡”称号。

雄县塑料包装业起步于20世纪60年代，主要生产帽子里的塑料标签和衣服上的纽扣，规模很小。改革开放以后，雄县塑料包装业获得了较快发展。目前，雄县已经形成塑料包装、电器电缆、压延制革、乳胶制品四大支柱产业，拥有中国塑料包装产业基地、中国气球第一村、北方最大的安全套生产企业、北方最大的灯箱布生产基地等称号。2016年，该县塑料包装业年产值达52亿元，占该县GDP的70%，有企业近4 000家，从业人员20 000人，拉动了该县超过50%的居民就业，每年消耗塑料原料60万吨。

总体上看，安新县的羽绒产业和雄县的塑料包装业都存在集约化程度偏低、对生态环境造成破坏等一系列问题，这与“坚持生态优先、绿色发展”的新区建设理念相冲突，必须采取措施加以解决，同时又不能影响民生幸福。

三、淀区和平原一体相通的日常生活

虽然雄安新区的淀区和平原地区在生产方式上存在着很大的差别，但在日常生活习惯上却差异不大，这是因为地理环境的阻隔性不够大，淀区居民和平原地区居民的日常交往十分频繁。

▲ 出行方式的趋同化

在公路运输和铁路运输不发达的时代，水路运输是最重要的运输方式，也是沿江、沿河地区人们出行的主要方式。及至20世纪80年代初期，雄安新区人们的外出频次也是很低的，且出行范围非常狭小，淀区和平原地区的出行方式有着不小的差别。白洋淀及其周边地区的货物运输和人员往来还多依赖水运，已故著名地理学家孙敬之在他主编的《华北经济地理》(科学出版社 1957 年版)一书中这样写道：

> 过去小汽轮只能从天津通至白洋淀的新安镇，不久前从新安镇至保定试航浅水轮亦已获得成功。沿线所需的食盐与肥料主要由天津上运，煤炭和日用百货则分别从天津、保定两地运去；在沿线装运的粮食、芦苇、水产等也多集中天津和保定。

这是 20 世纪 50 年代中期的情形，从新安镇至保定的浅水轮才试航成功。当时，津保内河航线分为三段，即府河段、白洋淀和大清河段。府河段从保定南关码头通到安新县安州镇，全长 33 千米，多连续曲湾，河槽一般宽 15 米，常水期水深 1～1.5 米；白洋淀内 32 个村几乎家家都有船，淀内周边能行驶 20～30 吨的木船，从安州到枣林庄有 29 千米，能够行驶最大 100 吨的木船。枣林庄往下，就进入大清河段了。

津保内河航线上有很多码头，属于雄安新区的有：(1) 雄县码头。码头长 264 米，河宽 42 米，水深 1.5 米，可以并靠 3 只船。码头岸坡紧靠道路与民房，距离仓库有百米远，需要用大车转运。月吞吐量最高为 2 500 吨。(2) 端村码头。船舶沿岸停靠，靠堤坡搭跳装卸，月吞吐量近千吨。(3) 新安码头。河宽 21 米，有两个货场，主要外运粮、苇。码头岸边紧靠民房，作业很不方便，月吞吐量只有上千吨。安新县文史工作者王广乐写有专篇文章，介绍历史上的新安镇码头，很是形象生动：

> 渥城码头接纳了来自东南西北各地的行商，渐渐形成了 16 条主航线，沿潴龙河可到安国，经雄县入白沟河、琉璃河可

到北京房山，西可通保定，东直到天津，从1744年至上世纪60年代的200多年里漕运不辍。每天清晨，帆樯林立，商贾云集。苇席、苇篓、鱼虾、鸭蛋等土特产源源不断运往北京、天津、保定，又从那里换取茶叶、糖、食盐、酱菜、香油、烟、火柴、煤油、布匹、面粉、纸、煤等商品，运回渥城（见图4.12）。

图4.12 现在安新县端村码头的渡船

（杜书锋/摄）

帆樯林立、商贾云集的渥城码头不仅是对商业流通盛况的描述，也隐含着对当地人出行方式的概括。到了冬季，水面结冰，淀区人们出行便换上一种特殊的交通工具。对此，王广乐描述道：

“夏摇木棹冬撑竿”，每到年集来临，十里八乡的冰床一队队乘风而来，在东关码头下的冰面上一字排开，蜿蜒数里。冰床形如雪橇，又像平放的木梯，下面钉以铁条，上面铺上苇箔，垫上褥子，如床一般。或撑或拖，行走飞快。此时，单调的冰面上一下子有了生机，花花绿绿的衣服、色彩艳丽的围巾如斑斓的潮水涌上街头，这是女人们的节日（见图4.13）。

图 4.13　冰床

（张学农/摄）

冰床是白洋淀特有的冰上运输及生产工具。它体积小、挪移方便，行驶速度快，转变灵活，坚固耐用。床体底部需开通较长的窄槽安装冰刀，尤其重载转弯时，冰床左右摆动频繁，冰面对冰刀的侧压力很大，要求冰刀安装必须牢固，故床体须用木材坚硬的槐、榆木制造。体长 2.7 米，宽 0.4 米，高 0.25～0.3 米，形似木梯。操作者两脚分开立于冰床后端，双手持蒿丫子（木柄长约 2 米，直径 4 厘米，上端安有 12 厘米长的小横把，下端安装钢制带钩的枪头），从两腿中间由前后下方用力使枪尖顶住冰面，靠冰的反作用力推动冰床向前行驶。

著名作家袁静、孔厥在长篇小说《新儿女英雄传》里有两处提到过白洋淀的冰床：

冬天，白洋淀冻冰了。太阳照在冰上，四下里亮晶晶的，冰上反映着天空的蓝色。鬼子坐着老百姓的冰床，一长溜，一长溜，飞快地在冰上跑，到各村搜索。

两只冰床上放着鱼篓子和砸冰用的凌枪。高屯儿、牛大水都拿着五股鱼叉，站在两个冰床的头上。冰床的后梢，双喜、赵五更使篙丫子一撑，两只冰床溜了个快。

白洋淀的冰床并非近代才有，而是有着悠久的历史。宋人沈括在《梦溪笔谈》中就记载了当时信安（信安镇，今属河北省霸州市）沧景（“沧”是沧州，“景”是景县，均属河北省）之间，“冬月作小坐床，冰上拽之，谓之凌床”。并记录了当时很多官员都有自己专用的“凌床”，作为出行工具。宋人江休复《嘉祐杂志》、孔平仲《谈苑》都记录了凌床作为一种运输工具的使用：“雄霸沿边塘泊，冬月载蒲苇，悉用凌床。官员亦乘之。”可知冰床作为一种交通工具，从南朝到宋代已经在中国北方广泛使用了。

冰床用于客运时须在上面铺上茅苇或高粱秆等物和细绳打成的窄箔（俗称排子）供人乘坐，或放货物。若装浮载（上载），则需先搭好架子。如装运芦苇时，先在冰床前后各横一根两头上翘的木杠，其两端各搭一根竖杠，并用绳捆牢，或直接插入横杆两端预先开好的通孔内。苇子横放杠上，根儿朝前一层层排地装。但其中必须有两把苇子是尖儿朝前装的，好像人力车的车辕伸出去。行驶中转弯，全靠这两根“车辕”来完成。

每年白洋淀的初冰期在 11 月末，冰期至翌年 3 月中旬结束，冰厚 0.19～0.42 米。在这 4 个月的时间里，白洋淀淀区的居民就依靠冰床出行或从事货物运输。但是，这种景象现在已经不多见了，冰床只能作为观赏品供游客使用了（见图 4.14），因为陆上运输的效率远远高于冰床。

图 4.14　作为娱乐活动的划冰床

（张学农/摄）

自 20 世纪 60 年代开始，雄安新区的公路建设开始起步，尽管路网密度一直不大，但还是改善了居民的出行条件。改革开放后，雄安新区的公路建设逐步走入快车道，路网密度不断加大，许多原先不通公路的淀区村庄也修筑了等级不一的乡村公路。1999 年 12 月 18 日，津保高速公路建成通车，雄安新区均在其站点位置上（见图 4.15）。2015 年 12 月 31 日，大广高速公路全线贯通，雄县在其线路范围内。未来雄安新区将构建“四纵三横”区域高速公路网。其中，“四纵”为京港澳高速、大广高速、京雄高速、北京新机场至德州高速；“三横”为荣乌高速新线、津雄高速、津石高速。2015 年 12 月 28 日，津保铁路正式通车，设有白沟站、白洋淀站。白沟站位于雄县城区的正北方，距离雄县城区约 12 千米；白洋淀站位于容城县城区的正北方，距离容城县城区约 4 千米，

图 4.15　津保高速容城出口

（王力欣/摄）

距离安新县城区约 18 千米。

根据规划，未来有 3 条铁路连接雄安新区，分别是固保城际铁路、京雄铁路和津雄铁路。固保城际铁路起自河北省固安县，向南经高碑店市、白沟新城、雄县、容城县、安新县，终到保定市与既有京广铁路保定站并站，并修建支线与京广高铁保定东站并站，正线线路全长 110.163 千米，全线共设置 9 个车站。其中的白洋淀城际站、白洋淀南站、白沟站、容城站位于雄安新区的辖区内。通过这一城际铁路，可以从雄安新区便捷到达首都新机场。固保城际铁路规划于 2020 年实现通车运行。京雄城际铁路直通首都新机场，津雄铁路可从天津“新客站”换乘至天津滨海站抵达天津滨海国际机场；这两条铁路的“雄安站”可直通石家庄正定国际机场。京雄城际铁路全长 92.4 千米，设黄村站、新机场站、固安东站、霸州北站、雄安站5个车站。雄安高铁站位于雄县城区东北部，昝岗镇西侧，计划于2020年完工。

通过这些铁路路线，可实现雄安新区与周边京津冀地区的0.5～1小时交通出行圈，也与规划中的整个京津冀地区1小时交通圈相吻合。

▲ 商品流通方式的趋同化

在闭塞的自然经济或半自然经济占主导地位的传统社会，农村的商品流通方式以集市交易为主，而且商品交易量很小。河北平原的乡村集市在按照习惯开市的日期里，人来物往、熙熙攘攘；而在闭市期间，则完全和普通村庄一样。除个别专门性集市如牲畜市等，一般集市在交易的商品方面并没有很明显的分类，但也不是毫无差别和特点。每个村的村民一般不限于和一个集市打交道，往往要和周边的两三个或三五个集市打交道。雄安新区的乡村集市也不例外，只不过有白洋淀边的水陆码头存在，而使得不少集市的情形发生了某些变化。

在白洋淀水乡，虽然很多地方的集市没有规定日期，但每天都有早市和晚市。天刚蒙蒙亮，村边码头已排下了许多船只，水乡的早市已是人来人往。摊位上除了蔬菜、水果、熟食之外，更让人喜欢的便是鱼市。这里的鱼大多是渔民们刚刚从淀里捞上来的，有的干脆把鱼篓虾篓等捕鱼工具也一同带来。鱼的种类很多，鲫鱼、鲤鱼、泥鳅、鲇鱼等样样俱全，且都活蹦乱跳。买卖的除了本村的人，也有三乡五里来的，所以没有讨价还价。人们只要走到看好的摊位前，便可以很快地成交。早市交易以吃为主，而到了晚市则更加热闹，服装、鞋帽、化妆品等日常生活用品成了主导。光顾摊位的也不只是那些家庭主男主妇，而多了打扮入时的姑娘、媳妇和贪嘴的孩子们。

白洋淀有的是苇田，耕地却很少。米、面、蔬菜自然要靠买，日常生活用品也需要有人来卖。这便有了水上货郎。他们从岸上的城镇把货趸来，然后，摇着货船游移于水村的沟壕河道，或停靠村边码头，加上声声的吆喝叫卖，便引来了男男女女。寒暄问价，各取所需，买卖中充满了浓浓的乡情。

时至今日，早市和晚市还在某些水区村存在着，但水上货郎已经彻底退出了历史舞台，更多的是定期的集市。白洋淀淀区村庄集市的发展得益于便利的水上交通，有的村庄早在宋代就已经成为集市码头，与外地进行贸易运输。例如，安新县王岳村，村南的排水沟是当时的运粮河；北马村是当时运粮河北岸的一个码头。为了便于人们赶集，邻近各集市在集期的安排上往往是相互错开的，有的地方还规定 5 里之内不许有相同的集期，人们把这一现象称为“插花集”（见图 4.16）。

图 4.16　安新县城里的集市

（王力欣/摄）

从集市的开市频率上看，基本上呈现每日集、隔日集、十日四集、十日三集及五日一集并存的格局。根据实地调查的结果，雄安新区三县五日一集的情形似乎更多一些，如“一、六集”（就是农历每月的初一、初六，十一、十六，二十一、二十六开集；下面的开集日期可据此推算）“二、七集”“四、九集”“五、十集”等，但也有例外。以民国时期的雄县为例，县境内共有集市 9 个，其中五日一集的两个，十日四集的 6 个，十日六集的 1 个。雄县集期密度很大，但并不代表雄县的经济发展程度很高。民国《雄县新志·建置志》指出：“雄邑土壤褊小，谷物之外，出境之货甚少。”意思是说，雄县的农业商品化程度不高。商品化程度低，所以使得雄县集数少，而集期频率高，集市的开市高频率弥补了集市的低数目，这正符合其落后的经济发展水平。

民国时期的集市基本上都流传到了今天，回顾历史是为了更好地说明现在的情况。目前雄县的乡村集市情况是这样的：龙湾、大营，一、四、六、九（农历，下同）；米北、东照、西柳、徐码，三、五、八、十；板家窝，一、三、六、八；北沙，二、四、七、九；高庄，二、七。依然是十日四集的居多，可见传统力量的强大。

我们说商品流通方式存在着趋同化的现象，意思不外乎现在的乡村集市在商品交易功能上趋于同质化，表现在商品种类的同质化、市场需求的同质化和购买群体的同质化。既然存在着这么多的同质化因素，淀区居民和平原地区居民在消费习惯和日常生活方式上也趋于同质化。

▲ 饮食习惯的相似化

白洋淀淀区居民过去是一日两餐，是千百年来流传下来的习俗。这或许是过去的白洋淀人缺衣少食、生活贫困的见证，或许是由白洋淀人“男渔女织”的劳动生产方式所决定的。早上起来，男人要下网收鱼，女人要碾苇织席，然后到早市采买。吃饭的时间在上午10点左右。饭后又开始了新的劳作，直到把一天的活儿干完，晚市结束，人们才开始吃第二顿饭。这是一天中的主餐，所以少不了多炒几个菜，约上几个朋友一聚，共同期盼着有一个美好的明天。假如你是远方的客人，来到人家，想吃一日三餐，心灵手巧的姑娘媳妇们也会放下手中的活计，热情地接待你。

随着社会经济条件的改善，淀区居民的饮食习惯也发生了变化，一日三餐渐成主流。至于淀区特有的美食，如熏泥鳅、全鱼宴等，也都出现在平原地区人家的食谱上。饮食习惯的相似化，促进了淀区居民和平原地区居民日常生活上的一体化进程。

第五章
人文地理景观

山有山姿，水有水色。白洋淀的美无法用语言描述，即使用白洋淀的芦苇做笔，用淀水做墨，也无法写尽白洋淀的曼妙风姿。千年古县，文化交融。雄安新区三县都有着悠久的历史，千年沉淀的历史古迹也展现出诱人的魅力。

一、"北国江南"的曼妙景致

▲ 春华：野水弥漫，风移藻荇

野水弥漫处处长，方流涵玉动珠光。
风移藻荇波痕阔，千点鹭鸟柳一行。

——(清) 爱新觉罗·玄烨

早春时节，春有残寒风雨劲，几声黄莺婉转，冰床松动，淀水低吟浅唱，哼着歌迈向解冻。阳春二三月，草与水同色。这时的白洋淀，水面弥漫浩荡，开阔雄浑，淀水清澈透亮，远远可见水底藻荇随水流摇曳，如风吹动。春风吹过，柳吐鹅黄，万千摇曳，涤荡百转柔肠，连春光也被烟柳渲染得暖暖迷蒙。惯于同春寒搏斗的芦苇，也顶着闪着光的冰棱钻出水面。随着淀水的解冻，芦芽竞出，远远望去，一片淡绿，像铺了一条毛茸茸的毯子，淀水碧翠，芦与水融为一体。待到“七九河开，八九雁来”的时节，白洋淀碧水溶溶，烟波浩渺，双双归雁低翔，水鸟逐涛戏。新荷初立，翠叶尖尖，栩栩群鱼弄浪，微波映暖阳。这时春天的手，越发柔软起来，堤岸边的颜色也越发多了起来，芳草萋萋，荷苞初立，桃红点点，柳杨花漫，缤纷桃李斗芳菲，和风阵阵送花香。有人说，淀水是没有生命的，只是一淀柔如绸纱的水罢了。可我们说，春天的淀水是温柔的，群鸥千点，烟柳一行，微波荡漾，渔船漂漂，春隐白洋（见图 5.1）。

图 5.1　暮霭下的白洋淀

（张学农/摄）

安新县赵庄子村位于白洋淀东部，是个纯水区村，也是《小兵张嘎》原型、原雁翎队队员赵波的出生地和逝世地。抗日战争时期，该村被称为“鬼不灵”。

邵庄子村在赵庄子村南面，也是个纯水区村。春天芦芽吐翠，淀面水波不兴，堤岸垂柳吐绿，景致祥和。邵庄子村还是抗日英雄王小燕的家乡，王小燕故居就位于村子中央。

▲ 夏韵：泥根玉雪，风叶青葱

漠漠湖光接远天，苍茫云树亦依然。
芰荷春散烟霞外，鸥鹭风翻锦缆前。
眼低笑看蓬底醉，望中人拟镜中仙。
留连落日忘归去，携手河梁月满舡。

——（明）刘梦元

一声杜宇春归尽。布谷鸟轻灵的叫声在空中回荡，麦穗沉了，杏子熟了，榴花红了，睡莲开了，风淡淡地吹，云淡淡地飘，水淡淡地流，夏天就这样浅浅地走来。六月天暑气热，蔽日炎炎苇棚下，但见莲菱蒲苇随风摇曳，鸥鹭云空自在飞，鱼鸭鸳鸯同戏波，芡实凌华水中开。最惬意的是坐一艘人工划的木船，棹桌袅袅，摇啊荡啊穿行在苇壕间和大淀中，寻找早已下好的虾漏，使人暑意顿消。

在这里，清澈的淀水将一丛丛翠绿的芦苇拥在怀中，一簇簇笔直的芦苇随风招展，风吹过来，绿波慢荡，起伏的苇田似一片摇曳的心潮。白洋淀的荷花多，凡有水的地方，都有荷花的倩影。一朵朵，一片片，一簇簇，在水面上翘首低昂，敞开清雅的花瓣，在碧池曼舞，恰仙羽霓裳。捧出一颗颗嫩绿的莲蓬，禅音入耳，涓涓缭绕心房（见图 5.2）。

图 5.2　出水芙蓉

（李泽辉/摄）

清晨，万绿丛中兀立的一株株出水芙蓉，像是刚刚洗过面庞，尚来不及拭去躺着水滴的女子的粉脸儿，含苞的花瓣上挂满了亮晶晶的珠子。中午，荷花便大大方方地展示着她的美，安静、从容地勾着你的心思，夏风送来满湖的荷花香，水拍扁渡半日长。此时，荷花与天地、碧水融为一体，又仿佛和谁都不相关，遗世独立着。夕阳西下，不经意间洒落霞光半点，染红半边天，碧水粉荷，映照苇叶一线。微风轻轻抖动着夜幕，喧闹了一天的大淀，终于在星光中安静下来。朦胧的月亮低悬在水面上，月色衬着那些微羞的荷蕾，如水般流入了人的心胸。偶尔传来的一两声鱼儿打挺的声音和青蛙扎猛子的“咕咚”声提醒着你：该剪一段美好时光，留住碧水荷香，夏醉白洋。

【荷花大观园】

荷花大观园坐落在安新县白洋淀景区内，占地 2 000 亩，水域面积 1 560 亩。园内有六区、十二园、三十六景、七十二连桥，666 种中外名荷，是目前我国植荷面积最大、品种最多的巨型生态荷园。园区翠柳环抱，碧水浩渺，湿地水生植物相映成趣，水生动物相伴而居，是我国北方最大的自然生态观赏园。园区内建有孙犁纪念馆。

【白洋淀文化苑】

白洋淀文化苑也坐落在安新县白洋淀景区内，占地 80 万平方米，建筑宏伟，气势壮观，苑内建有雁翎队纪念馆、康熙水围行宫、敕赐沛恩寺、世界名荷园、荷花淀、祈福钱屏、白洋淀第一印、嘎子村等 8 个景点（见图 5.3）。

图 5.3 白洋淀文化苑

（杜书锋/摄）

康熙水围行宫是康熙皇帝在白洋淀水上围猎时修建的水上宫殿建筑，共有 4 座，均被毁坏，现在所见到的是仿古建筑。沛恩寺是康熙四十四年（1705 年）在郭里口村建起的皇家禅寺，为康熙皇帝驻跸行宫的重要组成部分，他御题的“敕赐沛恩寺”匾额尚保存完好。现在看到的沛恩寺也是仿古建筑。

雁翎队纪念馆建筑面积 2 566 平方米，馆名是由曾率部驰骋冀中战场的开国上将吕正操在99岁高龄时亲笔题写的。它分设序厅、全面抗战的爆发与冀中抗日根据地的建立、侵华日军在白洋淀的暴行、雁翎队与水上游击战、端岗楼拔据点、惩处汉奸为民除害、喜迎抗日战争的胜利、继承革命传统弘扬雁翎精神等18个主题鲜明的展厅。

嘎子村是以著名作家徐光耀小说《小兵张嘎》中的主人公张嘎子的形象命名的,是一组地方特色鲜明的民居建筑群。嘎子村三面环水,村边景色宜人,芦苇青翠,水清鸟鸣,荷花飘香,水光天色,四季竞秀,环境幽静。村头坐落着小兵张嘎的塑像。村内窄窄街道相连,曲折迂回,农家独宅独院,古朴典雅,格局不同,风格各异。

▲ 秋实:蒹葭苍苍,白露为霜

蒹葭苍苍,白露为霜。
所谓伊人,在水一方。

——《诗经·秦风》

芦苇不仅早就进入了我们的生产、生活中,也早就进入了诗人的浪漫情怀中。芦苇是有思想的,它们面对流水,面对南来北往的候鸟,自由摇曳在空中。这个时节,雁成行,越晴川万里,列队南飞,芦苇会带你领略秋天的另一种滋味。芦花高扬着它的颈子,顶着银灰色的花絮,在飒飒寒风中飘飘扬扬,若梦飞扬。空中飘着的若有若无的清香的干草味儿,是成熟的芦苇的体香。日已西斜,这时的光最是温和撩人,芦苇与长堤嵌在明亮的幕上,成了一幅美丽的剪影,夕阳将芦花照得透明,似乎也更柔软了。忽然觉得有点似曾相识,像是西湖的苏堤或是白堤,少了几分妩媚与精致,却多了几分浑然天成的质朴(见图5.4)。

图 5.4　白洋淀秋意

（高会良/摄）

一方水土养育一方人。秋天是收获的季节，淀中的百姓可没有闲着，他们挥舞着丈把长的钐镰，芦苇便呈扇形次第倒下。钐镰的挥舞是有节奏的，十几个人站成一排，犹如跳着集体舞，一挥一舞，一高一低，像是在对自然的馈赠表达崇高的敬意，虽然他们干活时穿的都是最旧的衣裳，但是劳动本身就是具有美感的，难道不是吗？夜来淀上湿凉，平湖印月，雨叩轩窗，秋满白洋。

▲ 冬莹：古堤老柳，半日冰床

古堤老柳一时僵，水腹初坚黑白洋。
稍与长途休马力，冒寒半日坐冰床。

——（清）查慎行

季节是否也会疲惫，便在冬天沉睡了？任繁花过眼，雪卧残阳。淀中芦苇已收割，荷花莲蓬早已隐退，千里长堤柳林空。北风猎猎，冰面尘封，大地素裹银装，举目远眺，行者无疆，一派北国风光。各色各样的船被拖上岸，取而代之的是矫健如飞的冰床。大淀此时犹如一个巨大的天然滑冰场，可任你自由驰骋。

冬季也是收获的季节，震天的号子，壮丽的场面，使冷清的白洋淀一下子沸腾起来，为渔民们带来收获的喜悦。这时，如果你参与其中，定是一段难忘的记忆。你也可找一清闲时，打开冰层，布艺问鲤，稳钓寒塘，那将是另一番体验。冬天的白洋淀是沉睡的，冰没有苏醒，季节也没有苏醒，水凝成了冰，季节的生命力却没有凝固，活力在自然体内存在着，蓄积着，也用每一个机会展示着，尽管经常没有观众。此时，万物遍染清霜，香凝冷艳，冬魅白洋（见图 5.5）。

图 5.5　白洋淀冬景

（李泽辉/摄）

二、地域特色浓郁的村落和民居

雄安新区因有白洋淀这个华北地区最大的淡水湖泊群，而使得村庄形态和布局呈现出独有的特点。这些村庄可以分成两类，一类是白洋淀的淀区水村，一类是平原上的村落。

▲ 白洋淀的淀区水村

白洋淀的淀区水村具有独特的地理风貌和村落形态。白洋淀在自然因素与人为因素的双重作用下，呈现出村庄、田地、沟渠等交错分布的景象，人们依水而居，以水为生。他们有的依靠在淀边的堤岸上，有的在淀中面积较大的岛屿上建房居住，村庄有淀边村庄和淀中村庄之分，形成一种孤岛与半岛交错分布的独特地理风貌。

淀边村庄有端村、北冯村、关城村等，它们往往利用便利的水陆交通，依靠堤岸，发展为码头、市场，运输往来物资，呈现出一片繁荣的景象；淀中村庄有郭里口、王家寨、圈头村等，自古以来这里的村民依水而居，以水为生，出行皆以船代步，与外界的交通联系不便，粮食、蔬菜等日常生活用品大多需从外地购买。

端村是一个淀边村庄，位于安新县城偏东南 7.9 千米处。端村自宋代就有人居住，到明代人口增加，村子随之扩大，以四门堤为建房主基，村民分十三段居住，故名“段村”。清乾隆二十六年(1761 年)，皇帝南巡至此，因为段村“在水之端”，段村两字同调，读起来绕口，下令改“段村”为“端村”。端村在白洋淀(这里所说的“白洋淀”在端村村南，水域面积有 2 万亩，是真正的白洋淀，或称“本淀”)北岸，紧邻着白洋淀的开阔水面。从淀中流出的西河、朱家河穿过村庄，村中有水、有桥，颇有江南风韵。端村镇的东、西李庄两个自然村在白洋淀淀中，芦苇包围、绿树荫映，需要坐船才能到达。著名作家孙犁曾写道(见图 5.6)：

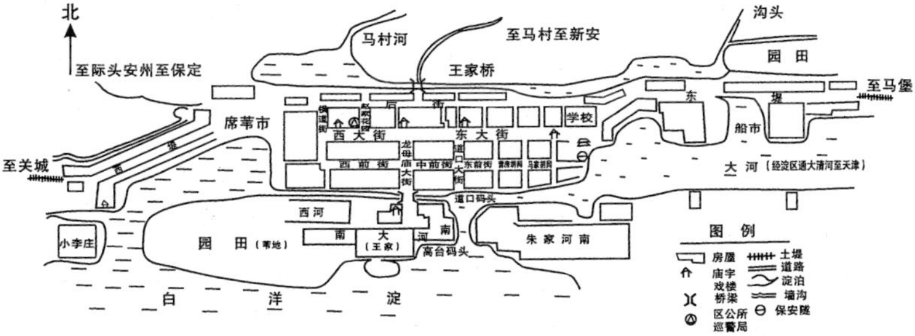

图 5.6 1937 年端村街道示意

资料来源：《安新县文史资料》第 5 辑，第 105 页。

端村是水淀有名的热闹地方，三面叫水围着。顺水可以下天津，上水通着几条河路；北面一条大堤，通到旱地上的大村镇。

端村曾经是津保内河航线上的主要码头之一。几百年间，许多端村人从事船工河运，走出了小村庄到保定、天津去闯荡、落户。至今清明时节回端村老家扫墓祭祖的天津人、保定人仍络绎不绝，他们的祖上都是从端村走出去的。现在的端村货运码头仍然在发挥作用，主要承担着由端村去往淀中村庄的客货运输任务。

王家寨是一个淀中村庄，四周环水，是个有着几百年历史的古村。村子由主村和 14 个小村组成，各村均为独立小岛，共有 1 300 户、4 400 多人，村民主要以淡水养殖、捕捞、苇箔加工等为生。近年来，为发展经济，村里谋划建设了民俗旅游村，由村集体提供宅基地，村民投资建房，在望月岛、观荷台两个小村分别建起了 19 户和 18 户农家院。2015 年，王家寨与邻近的赵庄子、邵庄子等 3 个村庄被授予“河北省休闲农业乡村旅游示范村”称号。

▲ 平原上的村落

雄安新区平原上的村落与河北平原其他地区的村落差别不大，可能就是村庄规模比较大一些。雄安新区平原上的村庄人口低于 1 000 人的不多，不少村庄的人口规模都达到了三四千人。这些村落的历史各不相同，大约从北宋时期开始出现，而以明初“靖难之役”（1399—1402 年）后的山西移民村居多。据统计，安新县的山西移民村有 86 个，其中永乐时期（1403—1422 年）的移民村有 64 个；雄县有 54 个移民村，绝大多数也是永乐后的移民。

有着“中国气球第一村”之称的雄县大步村，历史就很悠久。清末刘崇本所编《雄县乡土志》记载：“该村为北宋八寨之一，曾称大姑寨、大姑堡、大姑村，后称大堡村。至明末，堡逐渐演变成步，称大步村，两名并用，民国后称大步村。”《读史方舆纪要》也有记载：“大姑砦，在县东，今有大姑村，县境有双柳、红城、新垣、大涡、木场、张家、三桥等八砦，五代周及宋时置，为备御要地，金废。”大姑砦亦即大姑寨，砦与寨同，大姑砦金末废寨而称大姑村。

容城县共有 132 个自然村，分为 4 关、38 庄、27 村、9 营、6 王、31 个对子村和 9 个单村。4 关为明景泰二年（1451 年）县治迁址后随县城的诞生而形成的。千年以上建村的有 43 个（其中秦汉时代建村的 12 个，其余大多建于唐宋时期），占自然村总数的 33％；千年以下、五百年以上建村的 59 个，仅明代就有 52 个，占自然村总数的 45％；五百年以下、百年以上建村的 16 个，占自然村总数的 12％；百年以下建村的仅 14 个。也就是说，五百年以上建村的占 78％。

很多村庄的村名仍带有初建时的历史痕迹，文化底蕴丰厚。例如，位于雄县县城东北 18.9 千米处的板家窝村，是明朝永乐年间由孙、杨、左三姓在赵王河畔打鱼为生，用木板搭房为舍，取村名板搭窝。清代改称板家窝，切分东、西、北三排，并以板东、板西、板北为名建起 3 个村子。再如，容城县晾马台村，在唐代是幽州临义县治所。《容城县志》记载：宋代杨延昭抗辽时曾在此驻扎军队，检阅兵马，故而得名。

▲ 地方特色的民居建筑

按照学术界对河北民居建筑的类型划分，雄安新区的民居建筑属于冀中民居，而冀中民居又是受到关注最少的。由于雄安新区距离北京比较近，而且历史上又受到北京文化和生活习惯的影响，所以民居建筑的格局也都带有北京四合院的影子。

四合院属于院落式民居，是中国最普遍的一类民居，也是民居形态中材料使用和结构技术最先进、构成因素最丰富、“礼”的层次最复杂和装修装饰最多样的一种类型。雄安新区的民居大多为合院式，正房坐北朝南，厢房两两对应，体现出“天圆地方”的传统理念。院落多有高墙，一般不对外开窗，十分重视建筑的防御性能，同时高墙也有抵御风沙的功能。院内自成一片天地，建筑注重功能和实用性，推崇端庄大方的建筑形象，喜爱对称格局，与尊长爱幼、内外有别的传统礼制相吻合。根据院落的规模，可将其分为以下三种类型：

第一种类型，是单进院（或称一进院）。单进院适合人口较少的家庭居住，是平民百姓的主要居住形式。整个住宅只有一个院落，由正房、东西厢房和“倒座房”（有些住宅南面是围墙）围合而成，大门开在院落南部，院落的构成简单明了。著名作家徐光耀在《小兵张嘎》里描述过这种最简单的单进院落：

一带短墙围起个小院，坐北朝南两间草房。栅栏门朝西开，左右栽着四棵杨柳树。从门往西五十步光景，便是白洋淀的一个浅湾，一片葱茏茂密的芦苇，直从那碧琉璃似的淀水里蔓延到岸上来。风儿一吹，芦苇起伏摇荡，发出一阵沙沙的喧笑声。

图 5.7　马家寨村百年历史的老房子
（杜书锋/摄）

20 世纪 40 年代的淀边小院风景不错，就是建筑材料惨了一点，是茅草房。即便是茅草房，也遵循着坐北朝南的房屋布局。现如今，单进院仍不少见，但多是以砖木建筑为主了（见图 5.7）。

第二种类型，是二进院或三进院。二进院是由前后两个院落组成的四合院，三进院就是由前后三个院落组成的四合院，院落之间通过过堂门或侧门相连接。但不管是二进院还是三进院，大多是在一条纵向的轴线上布局主要房间，并在两边左右对称地安排其他房间，即东西厢房、主次用房在体量、位置上都有区别，这样就形成了一套完整的建筑体系。

第三种类型，是多跨度四合院。前面两种院落形式适合于人口不多的一家人居住，规模较小，而对于“累世同居”的家庭（即繁衍数代，人口众多，但仍居住在一起共财共食，形成一个特大的家庭）来说，仅仅南北一二进院落就不能满足他们的居住要求了。因此，需要横向发展的多跨度四合院，每个房主（小家庭）居住一跨，才能达到既能保护各个家庭内部生活的私密性，又能使家族间相邻而居的要求。徐光耀亦在《小兵张嘎》里描述过这种多跨度的四合院：

小嘎子紧随着进院一看：一溜儿五六间正房，正房对面是一排草厦子，把小院挤成了细长的一条，很像个歇业的小草料店。可是，老罗并不进屋，带了小嘎子又向深处走去。到了天井，往左一拐，又有个小寨篱门，是敞亮亮一座小跨院，可里头连一间房子也没有。只平地上栽着几畦茄子，两沟大葱，靠北墙搭着个大葫芦架，搭得比墙头还高出二尺……（老罗）往葫芦架底下一钻，蹬着一大一小倒扣着的两口瓮，拨开枝蔓，翻过墙那边去了。然后探着半截身子，朝小嘎子招手。小嘎子赶紧蹬小瓮，爬大缸，翻上墙头。一看，那边又是一层院子……

这边院子，除了正房，还有一溜儿五间西屋，门关着，窗户用“雨搭”遮着，像个冷落的仓房。正房屋里有轻轻的烟火气往外冒，想是正做饭哩。

尽管雄安新区的民居建筑与北京四合院有很多相似之处，但也有着很大的区别。区别之一，是雄安新区的院落一般呈南北长而东西窄的纵向长方形，而北京四合院的中心庭院从平面上看基本为一个正方形；区别之二，是雄安新区的院落规模比较小，以单进院和二进院居多，北京四合院则可达到四进院、五进院甚至更多；区别之三，是雄安新区民居建筑中的院子除起到夏天纳凉、冬天避风晒太阳的功能外，还要在秋季做晾晒谷物的场所，北京四合院中的院子只做休闲、观赏之用，养花种草才是其主要功用。

雄安新区的民居传统上多使用砖木为主要建筑材料，20 世纪 80 年代以前尚有土坯房或夯土房。近些年，随着经济的发展和社会的进步，砖瓦房和水泥混凝土建造的房屋占据了主体地位。雄安地区的砖瓦房一般为单层，屋顶和墙体较为厚重，冬天可挡风避寒，夏天可阻挡热气，有冬暖夏凉的恒温作用，这也是跟当地的气候条件相适应的。与南方相比，中国北方干燥寒冷，植被的色彩较为单调，所以民居建筑要在色彩上加以弥补，大红、大绿、孔雀蓝用得多一些，但更多的是保留建筑材料的本色；而南方的民居外墙多用白色，利于反射阳光。这样看来，白洋淀淀里的村庄和淀边临水的村庄，不应人为地改造为粉墙黛瓦，因为如此改造失去了地方特色，不复有白洋淀的独特品格了。

从民居建筑的外墙上，还可以看出建造的年代。一般来说，20 世纪 90 年代以前雄安地区建造的房子以蓝砖居多，如果是用红砖盖的房子，基本上都在 20 世纪 90 年代以后了。水泥混凝土建造的房屋在雄安地区的农村地区是近 20 年才出现的，一般为两层，外观与城市里的建筑区别不大(见图 5.8)。

图 5.8　红砖房

(杜书锋/摄)

从民居建筑的角度观察，现在雄安新区的三座县城保留下来的传统建筑非常少，这和千年古县的地位多少有些不相称。新区建设应该和旧城(包括特色村镇)的空间结构和场所有各种关联，延续和发展既有的城市意象。只有这样做，旧城区才会得到很好的保护，这里的主要问题是如何在新区和老区之间建立交通、空间和意象上的关联。新与旧之间的延续可以保持水乡城镇结构的连续性，对于历史形成的城镇特征起到强化和发展的作用。

三、千年沉淀的历史古迹

位于白洋淀东南15千米的鄚州，是一个古老的村镇，因其建有纪念神医扁鹊的大庙而闻名遐迩，也进入了我们的视野。

▲ 扁鹊故里与鄚州大庙

鄚州城北临长堤，缓著玉鞭珠勒嘶。

去日黄稊试烟嫩，归来绿叶布阴齐。

——(清) 爱新觉罗・弘历

扁鹊(前407—前310年)，姓秦，名缓，字越人，尊称扁鹊，号卢医。他是战国时期的著名医学家，居中国古代五大医学家之首，系河北省雄县鄚州人。

鄚为古国名，建于周朝初年，为燕国附庸。西汉永元二年(90年)设鄚县，唐景云二年(711年)设鄚州，治鄚县。唐开元十三年(725年)以“鄚”类“郑”字，遂改为“莫”。北宋熙宁六年(1073年)，鄚县并入任丘县。此后，虽多次复置县，但均为时不久。

鄚州大庙位于鄚州城北2.5千米处。原建筑坐北朝南，正殿供奉黄帝、伏羲、神农“三皇”塑像，故称“三皇殿”；东配殿也叫药

图 5.9　鄚州大庙正殿

（邢凤民/摄）

王殿，正中供奉神医扁鹊，两旁为历代十大名医，东排王叔阳、张仲景、雷太乙、淳于意、华佗；西列孙思邈、皇甫谧、韩普济、葛稚川、刘守真。西殿供奉文昌帝君，又名“文昌殿”。大庙占地约16公顷，规模宏伟，红墙黄瓦，画栋雕梁，彩檐间廊，结构严紧，浑然一体，气势宏大（见图5.9）。

鄚州大庙久负盛名，历史上曾有“天下大庙数鄚州”之说。它始建于元朝，明万历二十一年（1593年）整修后，遵“钦命”每年四月举办庙会，为期一个月。起庙第一年，大太监魏忠贤曾陪皇太后和皇姑到大庙烧香。由此，庙会逐年兴盛，许多“善男信女”从四面八方来大庙烧香许愿；那些“巨商大贾”也千里迢迢争相云集于此。据说，新疆、川广等地的商人，过了大年初一就要启程赶来；京、津、保等城市各大商号在这里多设有分号。庙会商品齐全，花样繁多，有云贵川的珍贵药材、湖广的刺绣、江浙的绸缎、浏阳的夏布、四川的油漆、湖北的毛笔、安徽的石墨，还有西北的皮毛毡毯、东北的人参鹿茸等，当时民间曾流传着“北京人全、鄚州货全”的俗语。

历史上鄚州大庙几遭厄运，多次遭遇火灾和人为破坏。1945年，大庙全部被拆毁，但遗址尚可辨认。现在看到的鄚州大庙重建于1992年，坐落在鄚州城北约2千米的古州村西，在原址南 1 千米处。

▲ 安州古城与陈调元庄园

孤艇苍茫去，平湖自在流。
人家烟际树，县郭水边楼。
寒苇澹将夕，疏林飒已秋。
飞飞双白鹭，故向远村投。

——（清）张裕钊

有一年秋天，清朝诗人张裕钊行船经过安州（今安新县安州镇），望着茫茫淀水中的城池，随口吟出了这首诗。安州是一座古城，据说安州古城的修建要归功于北宋抗辽名将杨延昭（杨六郎）。北宋咸平六年（1103 年），杨延昭号令修筑安州城。因城池在濡水（濡水起源于河北省顺平县西北的祁河，东流与金线河、唐河、易水相会后，通称“濡水”）之阳，又称濡阳，后安州有“濡阳八景”，今已无存。明正统八年（1443 年），安州知州陈沦重筑安州城垣；明万历中期，又以三合土、大砖修筑，池周五里三十步，高二丈五尺。清乾隆十二年（1747 年），礼部尚书陈德华离职回籍，自请效力修葺该城，未竟，命侄陈筠代修；乾隆四十六年（1781 年）发帑重修，城周 3 119 米，南北长 975 米，东西长 798 米，城高 8.4 米，上宽 3.4 米。四门分别有瓮城，城门宽 4 米，门楼高 13 米，规模可观。现在，古城仅存西南角和北门处的三两段城墙，巨大的灰色城砖厚重而古朴，城内的其他古建筑荡然无存，但有一株数百年树龄的古槐顽强生长至今，见证着安州城的沧桑（见图 5.10）。

安州历任知州非常重视教育，兴义学，办书院，多有建树，先后建有正学书院、葛乡别墅，使濡阳文脉绵延不断，人才辈出。据

图 5.10　安州古槐

（杜书锋/摄）

统计，安新县的宋金元明清进士共计 61 名（不含武进士），其中安州就有 39 名。“安州三十九进士”中，最具传奇色彩的是“陈氏三进士”，即陈德荣、陈德华、陈德正三兄弟。陈德荣为长兄，清康熙五十一年（1712 年）进士，官至安徽布政使；陈德华为二弟，雍正二年（1724 年）进士，状元及第，曾任户部尚书、兵部尚书、礼部尚书；陈德正，二陈之幼弟，雍正八年（1730 年）进士，官至陕西按察使。

安州有一座“抗苇税亭”。民国时期，安州的苇席闻名遐迩，号称“州席”。安州作为当时最大的苇席集散中心，成交量相当可观。但作为席民，生活依然清苦，整日的劳作也只能解决温饱。1925 年，当地乡绅陈起、潘希福等人，倚仗权势，向安州强征苇席税，引起席民激愤，安州名士潘龄皋得知此事，全力支持席民抗税。经过斗争，强收苇席税的阴谋破产，为此安州席民自愿捐款在安州北门瓮城建亭立碑，潘龄皋挥毫写下“赐福不闻宽大令，缔苛犹存好生心”一联，记于亭北侧东西两立柱上以示纪念。但是，坐落于老安州中学内的“潘龄皋纪念室”太过狭小，配不上这位历史文化名人的显赫地位。

在安州，还有一座烈士塔，修建于 1956 年。它高大庄严，肃立在老安州中学内，长久以来一直是安州城最高的建筑，年年在清明时节接受来自莘莘学子的崇高敬意。塔身上的“革命烈士永垂不朽”8 个红色大字是对安新县 1 761 名在各个革命斗争时期牺牲的安新儿女、燕赵志士最高的尊崇！我们现在看到的安州烈士塔是 2016 年重新修建的(见图 5.11)。

图 5.11　安州烈士塔
(杜书锋/摄)

距离安州镇 9 千米之外的安新县同口镇也是一座古镇,镇上有一组蓝砖青瓦的建筑群——陈调元庄园。陈调元庄园的建造经历了一个较长的时间。1904 年,陈调元从保定参谋学堂刚毕业,就开始在老家同口镇兴建住宅。他选中的房基地是一个有数丈深的大水坑,光是填土就用了 7 年的时间,但到 1921 年才开始建房,次年全部建成。1935 年,陈调元去西北阅兵时,曾回家住过。以后,庄园由他人代管。1947 年土地改革时,没有房屋的村民住进了陈调元庄园。1949 年以后,庄园作为学校使用,十多年前学校才搬出,现已交由县里接管。2001 年 2 月,陈调元庄园被列为河北省文物保护单位。

陈调元庄园占地面积 4 371 平方米,建筑面积 2 618 平方米,共有房屋 46 间,由三进四合院组成。大门设在东南角,各院落正房均为硬山顶,带前廊,前檐施柱,厢房则是有地方风格的建筑,墙体为青磨砖对缝,木结构梁架,布瓦顶。各建筑之间则由回廊相通,方格玻璃窗分内外两层。厢房屋顶的形式较特殊,两山墙向上砌女儿墙，墙顶端挂瓦，周围为冰盘檐砌法。其第三进院落有正房 9 间，其中东头二进间由东西隔墙分里外屋，里屋为机要室，并带有地下室。整个建筑结构紧凑，布局合理，手法细腻，是具有浓郁地方特色的建筑群。但是，陈调元庄园被破坏得很严重（见图 5.12）。孙犁在《一别十年同口镇》中写道：

图 5.12　陈调元庄园大门

（邢凤民/摄）

过去，我虽然是本村高级小学的教员，但也没有身份去到陈调元大军阀的公馆观光，只在黄昏野外散步的时候，看着那青砖红墙，使我想起了北平的景山前街。那是一座皇宫，至少是一座王爷府。他竟从那远远的地方，引来电流，使全宅院通宵火亮，对于那在昏暗的小屋子里生活的人民是一种威胁，一种镇压。

▲ 宋辽古战道与陈子正故居

牢落三关古战场，延昭事业瓦桥霜。
可怜野调盲弦里，附会犹能说六郎！

——（清）边连宝

诗中所说的“三关”，概指瓦桥关（在雄县）、益津关（在霸州市）、淤口关（在霸州市信安镇）。家喻户晓的杨家将精忠报国的故事，有很大一部分是发生在雄州地区的。第三章曾讲过，杨六郎构筑了地道防卫工程——“引马洞”，现在被称为宋辽古战道。

1964 年，位于雄县双堂乡祁岗村的祁岗地道被发现并得以发掘。清理修复地道 30 米，为青砖券顶结构，洞顶距地面约 4 米高，内含议事厅、兵器厅、迷魂洞等 6 个洞室及通道，分别设有掩体、放灯处、翻板等设施。地道内还出土了宋辽时期的瓷器瓷片，经专家论证为北宋用于军事防御的地道（见图 5.13）。

图 5.13　宋辽古战道景区大门
（杜书锋/摄）

1993 年 6 月，对雄县邢村大台遗址进行了挖掘，修复地道近 200 米。地道结构复杂，地道顶部距地面 4 米，整个用30厘米×15厘米×7厘米的青砖砌成，碹顶，内部高低不一，平均高170厘米，最高处有300厘米，最低处80厘米，最宽处160厘米，最窄处70厘米。曲折延伸，多为直角转向，个别为弧形；形态上既有洞体简单较为宽大的“藏兵洞”、宽敞高大的“议事厅”，又有窄小曲折、防止敌人袭入的“迷魂洞”，还有洞体顺直、以交通为目的的“引马洞”，以及侧支分出、深入阵前的“料敌洞”。内有翻眼、掩体、放灯处、翻板、闸门等设施。顶部有通气孔等。洞的出口有的与水井相通，有的与古庙、神龛、石塔相通，有的与村内民房相通。还出土了宋代弩机、钩镰枪、铜箭头、瓷缸、瓷碗、夜壶、钱币等文物。2013年，宋辽古战道被公布为全国重点文物保护单位。

从雄县邢村到祁岗村的公路，要经过一个名叫李林庄的村子。这个村子里的陈子正故居被列为河北省重点文物保护单位。在我们从网上搜索陈子正的生平事迹时，碰到了这么两段文字：

> 一代拳王陈子正先生的故居坐落在河北雄县李林庄。一进门，映入眼帘的是一棵枸杞树，此树为陈子正生前所种，至今已有百余年，仍枝叶繁茂，果实累累，一如先生所创的鹰爪翻子拳，历久弥新，长盛不衰(见图5.14)。
>
> 陈子正故居始建于1905年，现存一四合院，外跨西北两院，占地约860平方米，位于雄县昝岗镇李林庄村西南，房屋共计11间。

陈子正故居是一处比较典型的河北民居，院墙不高，院门也显不出有多雄伟。院门旁边立着一块写有“河北省文物保护单位”的水泥碑，却没有写上日期，看上去有些不伦不类。故居的房屋都是用青砖砌成的，以青瓦覆顶。过去，河北平原地区的房屋用砖瓦作建筑材料，是大户人家才有的，一般的村民小户是用不

图 5.14　陈子正手植枸杞树

（邢凤民/摄）

起砖瓦的。始建于 1905 年的陈子正故居使用砖瓦作建筑材料，可见当时他的家境是很不错的。正对着故居的大门是两间偏房，现在已被改造成展室。里面悬挂着陈子正与他人的合影，以及多幅民国时期名人题写的条幅或对联。

第六章

地域文学艺术

文学艺术是历史长河的文化积淀，是一个地方人民精神信仰与审美情趣的集中体现。雄安新区的文学艺术既带有白洋淀的渔家生活韵味，又糅合了前工业化时代的原生态要素，展现出水乡民俗与农耕文化的活态生存状况。

一、水音水韵渔家情

民歌产生于劳动人民火热的生产活动中，白洋淀也不例外。最初，淀区渔民捕鱼拉网时，为了一起用力，常用一些粗犷的渔家号子相互鼓励，久而久之，就形成了具有本地特色的民歌。白洋淀民歌是白洋淀人歌咏生活、寄托美好愿望、表达思想情感的经典方式。

▲ 白洋淀民歌

白洋淀民歌是白洋淀人民的歌唱文学，因为经常与渔民打鱼的劳动联系在一起，也被称为白洋淀渔歌（见图 6.1）。

白洋淀上渔歌多，

多得要用渔船拖。
记得那年翻了船，
五湖四海都是歌。

白洋淀上的渔歌多，不仅是数量多，题材也是多种多样。从内容上看，白洋淀民歌可分为劳动民歌、爱情民歌、抒情民歌、抗日民歌等类型。

图 6.1　白洋淀里打鱼船
（张建光/摄）

劳动民歌　劳动民歌大多是在繁重的体力劳动中产生的，且多是在集体劳动场合下吟唱的。音乐节奏与劳动节奏相吻合，具有曲调简单、长短自由、简明直接、粗犷豪迈的特点。请看这首《织席歌》，虽然产生于抗日战争的战火烽烟中，却是对生产劳动的生动描写：

秋风凉，柳叶黄，
苇子长成收割忙。
男女老少来织席，
支援前方打胜仗。

再如这首写于改革开放后的《插秧歌》，不但刻画了插秧的细节，而且还讲述了很浅显的做人道理：

低头看见水中天，
责任田上插稻秧。
兄妹对答歌不断，
后退原来是向前。

爱情民歌　爱情民歌是各地民歌的主体，白洋淀民歌也是如此。有的民歌是在直接的劳动体验中寄托情思：

哥哥割麦领在前，
回头看妹落后边。
暗里捎上麦几垄，
见妹赶上心里甜。

有的民歌是直抒胸臆，把心里的所思所想直接表达出来：

哥哥挑鱼一百三，
压烂肩头磨烂衫。
磨烂衣衫妹能补，
压烂肩头妹心酸。

有的民歌运用比兴手法，以身边熟悉的景物、事物起兴言志抒怀（见图 6.2）：

春风吹来波连波，

小妹一心跟哥哥。
你拿篙来我下网，
任你撑到那条河。

图 6.2　水乡风韵
（张学农/摄）

有的民歌通过美丽的画面，表达爱侣之间的思念之情：

月儿出来两头弯，
想起情妹在渔船。
妹像月牙天上走，
哥像河水清悠悠。

袁静、孔厥在长篇小说《新儿女英雄传》里写过一个迎亲的细节，里面有一首民歌，虽然不像纯粹的情歌，但也有些关联："吹鼓手引着，一顶彩轿，一匹红马，几个迎亲的人儿，沿水淀往北，走大堤。堤边都是柳树，鲜绿的柳条儿轻轻地拂着水面。水面上有一条小船儿轻轻荡过去，划船的小伙子在唱《打秋千》：

三月里，
是清明。
桃杏花开罢，
柳条儿又发青。
小蜜蜂儿采花心，
花心儿乱动，
嗯哎哟……

歌声随着小船儿，越去越远……"

抒情民歌　抒情民歌与爱情民歌有着实质上的区别，因为爱情民歌倾诉的对象是恋人，而抒情民歌倾诉的对象可以是家乡，还可以是其他的人或物（见图6.3）。

一城金来，一城银，
比不上咱白洋淀聚宝盆。
当大官来，坐大轿，
赶不上窝子船上睡一觉。
穿绸缎来，吃燕窝，
有钱难买穷乐呵。
天不管来，地不说，
给个七品也不做……

图 6.3　收获莲藕

（张学农/摄）

这首民歌是对白洋淀物阜民丰景象的赞美，表达了对家乡的深深爱恋之情。热爱家乡，历来是各类文学体裁作品中的永恒主题。

老百姓是水，共产党是鱼，鱼水不分离；
老百姓是苗，共产党是雨，雨润土地禾苗起。

1947 年 6 月，中国人民解放军总司令朱德在华北军区司令员聂荣臻的陪同下来到安新县南冯村，并留下了“爱民井”的故事：当时，国民党特务活动频繁，为保证中央首长的安全，中央保卫部负责人和南冯村党支部书记宫连池等人经过研究，对朱德驻地旁的一口水井进行控制，派人站岗守卫，在不经意中给附近担水的老乡添了麻烦。第二天早晨，朱德看到老乡们担着空水桶，马上了解情况，下令撤销了守井的岗哨，并亲自为担水的老乡摇辘轳，当地村民就有了这样的歌谣。

洪水无情党有情，飞机给咱投大饼。
共产党派来工作队，百姓高唱《东方红》。

1963年8月，白洋淀遭遇了特大洪灾。当地党组织积极带领群众抗洪救灾，党中央、国务院派飞机空投食品，派救生艇抢救灾民。当时，在灾区流传的就是这首民歌。

抗日民歌 抗日民歌是白洋淀民歌中的一种特殊类型，它产生于火热的抗日战争年代，表现了白洋淀人民威武不屈、勇于战斗的大无畏精神。这首《男女一齐上前线》不仅体现了全民抗战的坚强决心，而且表达了必能取胜的信心（见图6.4）：

抗战已发动，日夜炮声紧，
前方我战士，勇敢杀敌人，
不让那日本强盗来逞凶，
屠杀我国民。

天色正黄昏，炮火照人红，
看看我丈夫，砍倒日本兵，
那一把青龙大刀显威风，
活活像关公。

大队向前冲，我在后边跟，
杀声响连天，冲散日本兵，
看他们一个一个脸发青，
磕头喊饶命。

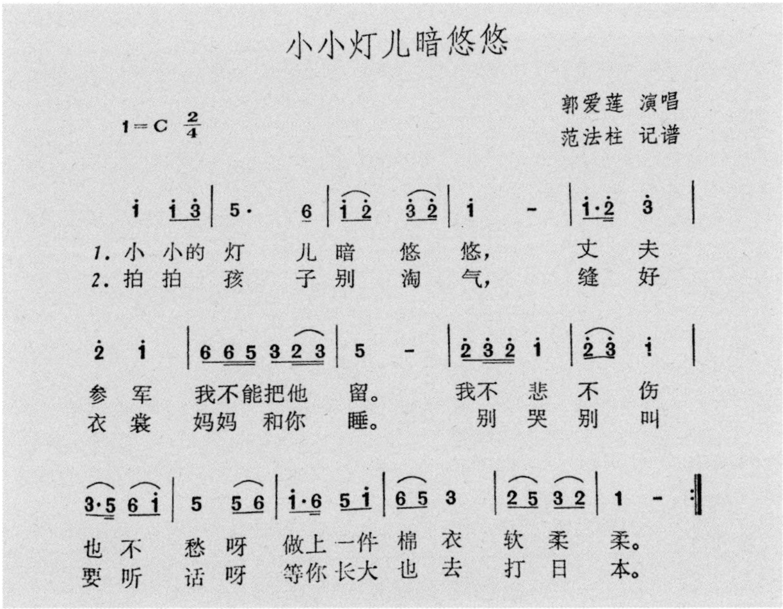

图 6.4　抗日民歌曲谱

资料来源：《安新县文史资料》第 3 辑，第 133 页。

收复我平津，大家要同心，
万人来动手，赶走日本兵，
逼着他们退却回东京，
收回东四省。

叫声同胞们，快快来从军，
不做亡国奴，战死也甘心，
都说是男女要平等，
为国去斗争。

还有一首民歌《冲！冲！冲！》，直接刻画了战火纷飞的场景，表达了不怕牺牲的战斗精神：

冲！冲！冲！
哪怕它飞机大炮迎头轰，
我们是抗日敢死队做先锋。

杀！杀！杀！
砍掉那日本鬼子的脑袋瓜，
我们要拼死到底消灭他。

赶！赶！赶！
赶得那日本鬼子快滚蛋，
全国的同胞都解放吃饱饭。

▲ 李永鸿和他的《白洋淀渔歌》

李永鸿（1922—2002），安新县王家寨乡李庄子村人，出生于保定，是白洋淀著名的渔民诗人。

李永鸿的祖上三代不识字，他也只读过两个月的书。抗日战争全面爆发后，中国共产党的基层组织在村里成立青年抗日先锋队，办起识字班，李永鸿进了夜校读书识字。当时的夜校条件极差，只有一块自制的黑板和几盏吊在房梁上的马灯，学的都是由抗日政府编的识字课本。李永鸿资质聪颖，很快就学会了几百个字。他自幼喜欢唱民歌小调，打鱼的生涯又让他学会了喊一些渔民号子。这些水乡民间文学的熏陶，使他增长了才干。他先是在识字班上课前编上几句抗日除奸的快板给大家演唱，此举很受识字班学员的欢迎；后来，无论下淀打鱼，还是村里开会，他都随身带着几样宝贝：一副快板、一个硬纸做的小喇叭筒、一个用废纸订好的揉皱的小本子、一支很短的铅笔头。看到一些新鲜事，听到八路军、雁翎队打胜仗的消息，他就编上几句顺口溜和快板。

李永鸿的诗歌语言朴实无华，却立意新颖，贴近渔民的生活，极富水乡特色。在全国文教群英会上，他所创作的长篇抒情诗《白洋淀渔歌》受到著名诗人、作家郭沫若的称赞。1961 年在保定地区文艺座谈会上，李永鸿被当时的河北省文联主席田间誉为“白洋淀上三只鹰”之一。在几十年的业余文学创作生涯中，李永鸿先后在《人民文学》《人民日报》《河北文学》《新港》《河北日报》《保定日报》等报刊发表长诗、组诗、短诗 200 余首，著有诗集《白洋淀渔歌》、长篇叙事诗《红菱传》、长篇故事集《淀上飞兵》等。1972 年 5 月 12 日出版的《人民日报》第四版，以《淀上渔歌——记白洋淀渔民诗人李永鸿》为题对他的事迹作了专题报道(见图 6.5)。

李永鸿的《白洋淀渔歌》，既是对习行已久的白洋淀民歌的继承和总结，也是战争年代和社会主义建设新时期白洋淀民歌创新发展的典型。从这首长篇抒情诗的字里行间，我们可以感受到李永鸿对生活细节的真切把握程度。下面摘录几节：

图 6.5　《白洋淀渔歌》书影

渔民苦，渔民苦，
黄连蒲根泪水煮。
号子喊到天傍亮，
孩子哭到五更鼓。

渔民苦，渔民苦，
刀剁中指卖肉骨。
孩子上市比鱼贱，
五岁的孩子五斤谷。

…………

渔民难，渔民难，
哭得淀水滚滚翻，
哭得鲂鱼噘了嘴，
哭得梭鱼红了眼。

渔民难，渔民难，
数九寒天无衣穿。
糟卡破网做棉衣，
芦苇缨花当絮棉。

随着时代的变迁，晚年的李永鸿离开了他所热爱的诗坛，到任丘市的一家饭馆买鱼做鱼，仍然保持着渔民的本色。

▲ 独领风骚二百年的西河大鼓

在白洋淀民歌之外，雄安新区还流行着另外一个传统的曲艺曲种，这就是西河大鼓。西河大鼓由木板大鼓发展而来，一般认为其创始人是木板大鼓艺人马三峰，起源时间约在清代道光、咸丰年间(1821—1861 年)。

马三峰，原名马大河，原籍高阳县教台村，15 岁时母亲改嫁，跟随母亲来到安新县端村。生卒年份不详，主要艺术活动年代约在 1840—1880 年。马三峰自幼学唱木板大鼓，所以精通音律，会操作各种乐器，还擅长民间戏曲。他在木板大鼓和弦子书的基础上，博采众长，大胆创新，从乐器形制到唱腔的整体结构，都进行了重大改革，从而奠定了西河大鼓的音乐结构和唱腔基础。

西河大鼓作为新一代说唱曲种，以它雄厚的实力和马三峰等名家的号召力，而迅速得到传播和发展。许多人慕名而来，纷纷习唱，从艺者有增无减。从清中叶到民初再到 20 世纪 60 年代，盛传不衰。百余年来，西河大鼓从它的发祥地逐渐流传开来，使得这个诞生在冀中平原的地方曲种广泛流传于华北、东北及华东等地区。

作为西河大鼓的主要创始人，马三峰培养了一批具有开拓精神的徒弟，其中以朱化麟(1866—1941，诨号大官，河北省文安县人)、王振元(1853—1917，诨号毛贲，雄县人)、王再堂(1865—1942，诨号转眼王，雄县人)最为出色。朱化麟的原籍和出生地——文安县小齐观村，在他生活的那个时代属雄县管辖。由此可见，西河大鼓的初创和定型阶段，来自安新县和雄县的鼓书艺人起了决定性作用。

起初，西河大鼓没有一个统一的称谓。有的地方叫它“梅花调”，有的地方叫它“犁桦片儿”“河间大鼓”，还有的地方就叫它“说书”。20 世纪初，鼓书艺人们沿着大清河、子牙河把这一曲种带进了天津。因为天津人习惯上把这两条河称作“下西河”，所以也称这种鼓书为“西河调”。为避免与天津的梅花大鼓重名，又决定将这一曲种取名为西河大鼓。从此，西河大鼓这一称谓便为曲艺界所认同，并一直沿用至今，成为流传于各地的这一曲种的统一称谓。

二、民间乐社再现辉煌

以音乐会的形式在雄安新区广泛存在的民间乐社，是中国古代音乐的活化石，其音乐风格端庄、古朴，其曲牌名可见于唐宋词牌和元明戏曲曲牌。音乐会的活动与中国传统礼仪规范、当地的民俗和民间信仰有着非常紧密的联系，具有较高的历史和民俗文化价值。

▲ 流传已久的音乐会

音乐会是冀中地区和京津市郊广泛存在的一个大乐种，又分为北乐会和南乐会两种演奏形式。北乐会乐队编制 8～10 人，以小管子主奏，此外还有笙、笛子、云锣等有调乐器和鼓、铙、钹、铛子、板（小钹）等打击乐器，在曲目上只演奏传统曲牌；南乐会乐队编制往往在 10 人以上，以大管子主奏，除了传统曲牌外，南乐会还演奏俗曲、戏腔甚至时令歌曲，具有更多娱人的文化属性（见图 6.6）。

雄安新区的音乐会起源于宋元时代，兴盛于明清时期，与宫廷音乐有着极深的渊源。在当代社会转型过程中，音乐会遭遇了严重的生存危机，但在各种因素的影响下，雄安新区的音乐会得以起死回生。当地的民俗事象和民间信仰对音乐会的刚性需求，是音乐会得以复苏的深厚社会土壤；局内人在延续文脉、克服传承危机方面做出卓有成效的努力，是音乐会得以复苏的现实基础；而全社会对传统文化保护意识的萌醒与加强，则是音乐会得以复苏的外部条件。

雄安新区音乐会的分布范围比较广泛。在雄县，有葛各庄、韩庄、高庄、古庄头、邢村、十里铺、开口、亚古城、赵岗、杜庄、北大阳等多个村落音乐会；在安新县，圈头、同口、端村、关城、北六村、

图 6.6　雄州古乐演奏

资料来源：《保定千年古县》。

赵北口等村落都有音乐会。雄县和安新县以北乐会与南乐会居多，容城县则较少，北张村有一个南乐会。这些民间乐社，远非这一地域音乐会的全部，比如后来又偶然发现的雄县米黄庄音乐会、洪城村南乐会，尚需要我们进行深入挖掘。

雄安新区音乐会的历史虽然久远，但经历了战火洗礼和政治运动的干扰，重新发现和启动已在改革开放以后了。拿安新县郭里口音乐会来说，1982 年，著名作曲家唐诃到郭里口小学看望分别 36 年的好友葛尧。在葛尧的带领下，唐诃拜访了郭里口音乐会领班李金海，并用录音机录下了当地流行的十余支乐曲。他在《渔村听古乐》一文中给予了很高的评价："此种音乐，虽无雄浑激越之声，却有平和清新之音，雍和而高雅，听了使你感到心境舒展。因而，它也就能做到雅俗共赏，给人以美好的情趣。"唐诃的赞誉对郭里口音乐会的复兴具有积极的推动作用，葛尧也为唐诃来访写过一首《宴唐诃》的诗：

炕桌设小宴，酒醪鱼却鲜。
往事堪回首，笑语忆华年。
灯下采民歌，清晨录管弦。
古乐淀上飞，扎根在民间。

“扎根在民间”，葛尧的诗句道出了音乐会得以生存的社会基础。据传，安新县端村音乐会于清康熙年间（1662—1722 年）建会，由该村永兴寺僧人所传。这个乐社在新中国成立之初仍有广泛的活动，香头下辖的 10 个分会头活跃于村中各种祭祀仪式和葬礼用乐，1958 年后中断，直至改革开放。1981 年和 1988 年曾欲两度恢复，但因资金等问题而被搁置。2007 年和 2008 年，圈头村音乐会先后入选省级和国家级“非遗”名录，这个消息也影响了端村人。2008 年，村民田炳辉与刘立奇拜西后街老香头王振民为师学吹管和吹笙，并出资近万元购买音乐会所需乐器、道具和服装，招收会员。2009 年正月十五，重建后的端村音乐会首次公开演出，表演了打击乐曲《长三拍》，2011 年、2012 年和 2013 年 6 月先后入选县级、市级、省级“非遗”名录。

每逢一年重要的祭祀和风俗性节日，雄安新区的音乐会就会在许多村子里演奏。在村落中，音乐会主持或参与与社区事务、宗教信仰密切相关的活动，主要有祈祥、祭祖、祈雨、驱雹等，而从不参加婚礼、生子、建房等仅与某一个体或家庭相关的事。音乐会开展活动需要一块场地，一间用于日常合奏排练、教授徒弟、设坛祝祷、祭拜祖先的房子，一个用于存放乐器、安置道具、聚会议事、吃饭会餐的公共场所，这样的公共场所被称为“官房子”。“官房子”是音乐会活动的主要场地，也是音乐会的最大财产（见图 6.7）。

图 6.7 安新县圈头村音乐会院门

（杜书锋/摄）

“官房子”的“官”字，在当地人的概念中，就是公共、公众、非私有的意思，“官房子”就是公众活动场所、公共活动房舍的意思。“官房子”不同于当地村民委员会的办公用房，它凝聚着社区每个家庭提供的一份力量，包含着社区每个成员的一份财产，但又不属于任何一个人的财产。社区的任何成员都可以参加在“官房子”中举行的仪式活动，即享有它的使用权，但它的使用权却不为任何一个社区成员所支配。它是真正原始意义上的公有房产。

“官房子”的建筑模式与北方农村的一般民房无异。确切地讲，它就是一间普通民宅，只不过里面没有家具罢了。一般情况下，“官房子”都建筑在一个单独的庭院中，起码拥有一个较大的房间。例如，雄县韩庄村音乐会的“官房子”坐落在一个独门小院中，庭院约有 20 平方米，院中树荫掩映，环境清雅。“官房子”有约 20 平方米，墙上挂着用红纸写的捐款名录。内套一间小耳房，用于放置乐器、道具。如今村民们的生活水平提高了，各家各户都盖起了砖瓦结构的新房，而土砖材料的老房子，在周围新房的衬映下，已经显得异常陈旧。当然还有完全相反的情况，“官房子”十分气派且与政府机构同处一院，安新县郭里口音乐会的活动场地就在村委会院内。也有相当部分的乐社没有专门的“官房子”，乐器、道具多放置在管会人家中，如雄县北沙口音乐会的乐器就放置在会头刘金玉家中的躺柜里。

“官房子”的用途，即在社区活动中派什么用场，大致包括如下几个方面：

第一，每逢春节，乐社在“官房子”里演奏音乐、宣讲诵经。届时，需把所有神像，按照神位等序，悬挂于四壁。表彰乡亲们捐款的“碑文”也榜于两厢，昭穆乡邻。全村的老少爷们、闺女媳妇集于“官房子”，祭拜神灵，祈求一年平安。这是春节期间社区生活中的最大事项，是村民们生活中的大事。

第二，乐社所有的服装、神像、道具、旗帜等物，大件乐器如鼓、铙、钹，平时都放置在“官房子”中。它是乐社财产的贮存库。

第三，乐社每年都要聚在一起吃一次“会饭”，雄县韩庄村音乐会的成员就在他们“官房子”的小院中就餐，安新县赵北口镇南街音乐会也在自己的“官房子”中举行。韩庄与赵北口的“官房子”中均设有灶台。

第四，乐社排练时也在“官房子”中进行，乐社新收门徒的仪式也应在“官房子”中举行。

▲ 圈头村音乐会

“金圈头、银圈头，铁打的采蒲台。”这是过去盛赞圈头因苇田多、旱涝保收而流传的谚语。圈头村位于安新县城东南偏北10.6千米处。明永乐十三年（1416年）建村，时名富家屯，后来因为该村在39个纯水村中居于首位，而39个水村又围成一个淀圈，故被称为“圈之头”，久之流传成为圈头。清代乾隆皇帝在圈头建有行宫一座，与端村行宫、郭里口行宫、赵北口行宫并称清代白洋淀上的“四座行宫”。

圈头村位于白洋淀中心地带，四面环水，需要坐船才能到达。

圈头村是由东街村、西街村、桥东村、桥南村、桥西村 5 个行政村组成的,这 5 个行政村早年间是 5 个岛,由 5 座桥连通。因为水量减少,现在这 5 个村已经浑然一体。整个圈头村有 15 000 多人,音乐会设在有 2 700 多人的东街村。音乐会的会址设在街市的中央,是东街村小学的旧址(见图 6.8)。

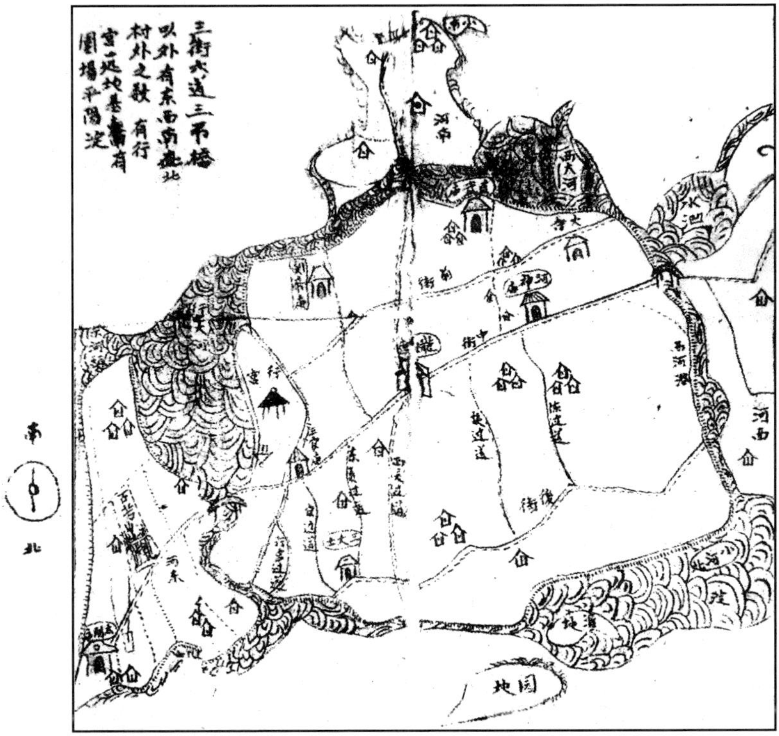

图 6.8　安新县圈头村概貌

资料来源:《白洋淀上的一颗民间音乐明珠:圈头村“音乐圣会”》,第 1 页。

圈头村音乐会的历史可追溯到清代康熙年间,有谱记载保存的乐曲有 55 首,目前流传下来仍在演奏的共 40 首。明清两代,圈头村归河间府任丘县鄚州社管辖。

每年的鄚州庙会，圈头村音乐会都会去参加，以朝拜为主，助兴为辅。由于出行方式受当地地理条件的制约，前往鄚州参加庙会的人将两只船用绳索绑在一起，乐师们乘坐在船上边演奏边去赶庙会。鄚州大庙主要供奉的是药王扁鹊，圈头村音乐会信奉的也是药王及中国历代十大名医华佗、张仲景、王淑和、淳于意、皇甫谧、葛稚川、孙思邈、刘守真、韩普济、雷太乙。鄚州大庙被火焚毁后，圈头村音乐会依然保持了祭祀药王的传统，不过是把早年乘船前往鄚州祭奠药王的仪式，改为在自己村中搭棚祭祀。所以，圈头村现在每年的农历4月19日至21日祭祀药王，实际上就是当年前往鄚州庙会祭祀药王的延续。

圈头村音乐会由非专业艺人组成，不收取费用，其开展日常活动的经费全部依靠民间筹措：一是会员捐款，数额由前些年的每个会员家庭20元、30元调整为2013年的50元，目前会员家庭已增加到591户；二是香客捐款，每年农历四月十九日是圈头村药王庙会，香客捐款既有非会员也有会员，每人捐款数额不限，少则一二十元，多则数万元；三是丧葬服务收费，2009年以来音乐会由原先为会员葬礼免费服务调整为每次800元左右，为非会员家庭葬礼服务则增加到2 000～3 000元不等。财务支出也主要包括三方面内容：一是庙会中以宴请香客方式回报大众，2013年药王庙会花费三万余元；二是乐器的维修与更换；三是葬礼服务后音乐会出会人员的劳务支出，一般每人100元。

圈头村音乐会几百年来一直保持着传男不传女的传统，但这个传统已经发生了改变。由于学员要在无任何音乐知识的基础上学完所有乐曲，只能靠死记硬背，这样学习的过程需要2—3年的时间，然后再学习如何用乐器演奏乐曲。青少年男子从开始学习，到刚刚出徒，没等一两年就会面临外出求学、打工的问题。于是在陈小花（东街村人，2009年去世，去世前担任圈头村音乐会会头，精通所有古乐曲及演奏乐器）乐师担任会头时候，为了解决学员人数少的难题，开始招收女学员。其原因，一是女学员在音乐感觉上天生比男学员要好一些，二是女学员有更多的学习时间。现在，他们又以多种方式吸引小学生进入音乐会参加学习，并探索出了适应这些小学生的一套行之有效的教学方式，使得一批十几岁的小孩子逐渐成长为音乐会的新生力量，可能会很好地解决音乐会后继无人的问题（见图6.9）。

图6.9　安新县圈头村乘凉的老人

（杜书锋/摄）

▲ 吹打班

吹打班与音乐会不同，它通常是由“吹鼓手”即专业艺人组成，用于婚丧嫁娶、祝寿、开业等民间礼俗的奏乐，收取费用并以此为主要谋生手段的音乐组织。民间将吹打班用于乡村的红白喜事等活动，早已成为一种传统礼俗。1929年出版的《雄县新志》就有关于婚丧用乐的记载，如婚礼的“届期男子亲迎灯烛鼓吹至门，女家宴以酒礼”；丧礼的“架席棚、设乐部、陈明器、题名旌……”时至今日，这种礼俗仍然在民间普遍流传。

吹打班在雄安新区数量众多。据不完全统计，目前雄安新区存在着大大小小几十个吹打班。婚丧嫁娶、商业庆典、老人祝寿等都是吹打班以艺赢利的商机，即便是音乐会的人，如果想挣钱，也往往要跻身于吹打班。吹打班一般是先由班主接活儿，然后班主根据主家需要的场面与人数来召集散落于各个村落的乐师（这些乐师之间往往存在各种亲属关系）去应差挣钱。由于文化性质、经济供养方式的不同，以及生活实际需要，吹打班自古至今都生机勃勃。忙的时候，一个乐师一天要应三份差，这些乐班个个经营良好、收入颇丰。

吹打班作为鼓吹乐的演奏形式，以管子、唢呐、笛子等吹管乐器与鼓、钹（板）等打击乐器为主。如今，雄安新区三县的吹打班所使用的乐器更为丰富多样，有的还加入板胡、二胡、萨克斯管、葫芦丝等中外乐器。乐队的规模一般为六人至十几人。吹打班演奏的曲目，有从传统音乐会继承来的，如《四上佛》《醉太平》等；也有从南乐会继承来的，如《小二番》《放驴》等；也有当地的民间器乐曲牌如《打枣》《灯赞》等。当下，现代歌曲也是吹打班演奏曲目的重要组成部分。

吹打班是民间音乐里的“专业团队”，因凭艺吃饭而有着比一般乡间业余乐师更为精湛的演奏技艺。吹打班在演奏曲目方面广泛接纳、继承了大量本地和外地传入的传统乐曲。吹打班多是走市场之路，根据市场的需要、普通百姓的喜好而选择曲目，不像音乐会那样固守传统。作为中国传统音乐文化的承载者，吹打班也理应受到我们的关注。

三、乡土技艺韵味悠长

一方水土养育一方人。在漫长的农耕社会，雄安新区人民立足于当地实际，发展并引进了独具特色的手工技艺。他们凭借自身的一技之长养家糊口，到今日，很多手工艺品已成为特色产品，蜚声国内外。

▲ 马家寨的造船技艺

马家寨村隶属于安新县端村镇，有人口 5 000 多人。马家寨原名马村寨。据传原为马氏建村，起名马村。宋代曾有驻军在这一带防守，形成寨垒，故名马村寨。抗辽名将杨延昭（杨六郎）在这里操练水军，以船作战。当时，马村寨还修了四个寨门，所以又称四门寨。明永乐年间（1403—1424 年）又有古北口外人迁至，遂改名为马家寨（见图 6.10）。

图 6.10　木船制作

（张军英/摄）

马家寨的造船业兴起于何时，现已无从查考，但有个传说却印证了马家寨造船业历史的久远。据传，很早以前，当年的安新县城南关有个魁星阁，魁星是传说中专门点状元的一位神仙。魁星手里拿的笔尖正对准马家寨，一位莽撞的过路神仙一看，这个村以后要出状元，顺便用手把笔尖捏扁了，便成了现在造船用的工具(锛、凿、斧都是扁的)。马家寨没有出状元,却出了许多造船的“木匠状元”。后来人们管这些造船的木匠叫“水木匠”,纯属祖传技艺,而不是师傅带徒弟的那种传承方式。

马家寨所造的船样式多、质量好,大的有出海捕鱼的渔船,旅游用的大型画舫,过去航行在大清河上的对槽、艘子;中的有劳动生活和兼作水乡人家运输用的四舱、五舱、六舱;小的有鹰排子、鸭排子、枪排子。木船的尺度主要根据用途而制造,大型的船无论船的长度、宽度、高度都有一定的比例要求。专业用的小船没有比例要求,鹰排子较窄小,在放鹰时捉到大鱼,船轻快灵巧,转弯方便,划起来速度快。鹰排子船底窄小,船首尾尖,遇风浪能在浪尖上行驶,有点劈波斩浪的意思。鸭排子有它一定的尺寸,船身短小、船宽,放鸭时能走浅水区域。枪排子也有跟别的船不同的尺寸,船前宽后窄,在水里打野鸭开枪后坐力大,船往后走有阻力。

马家寨工匠造船一绝,造船没有图纸,造船时只带刀尺、量制子、套样子、茬样子,就能造出各式各样的船舶。造木船这门技术跟学木工技术不一样,造船以基线、中心线为中心打直线,其他船板口都是弯线,弯线甩好后用眼看顺不顺,每个弯线还要锯成趄口,在用手铇刮好,再一块一块用钉子钉住。里外缝趄口均匀,这就是“水木匠”独有的手艺。

1981 年至 1988 年,白洋淀连续 8 年干淀,马家寨的年轻一代都不愿意学造船技术,传统的造船技艺面临失传的危险。在这种情况下,马家寨村成立了白洋淀造船有限公司,通过与中国船舶总公司、中国渔船研究所等单位合作,开启了传统造船技艺的现代转化进程。他们学会了设计图纸,根据图纸建造各种各样的画舫和游船。画舫要设计、安装仿古建筑,于是他们就到颐和园学习,并向清华大学建筑系的专家教授请教学习。经过不懈的努力，他们终于能够自己设计图纸，自己设计画舫上部的仿古建筑，培养了一批堪称“多面手”的年轻工匠，为传统造船技艺的传承与发展创新打下了坚实的基础(见图 6.11)。

图 6.11　安新县白洋淀造船有限公司

(杜书锋/摄)

为什么要到颐和园学习呢？这是因为，在清朝时，马家寨的“水木匠”就为皇家服务了。清朝乾隆皇帝修建清漪园(颐和园)时，为孝敬母亲他在万寿山后修成苏州街，将昆明湖修成杭州西堤六桥模样。乾隆皇帝的母亲想去苏杭地区游玩，就在清漪园坐船游览苏州街和西堤六桥，当时乘坐的龙舟便是马家寨的“水木匠”所造。马家寨的“水木匠”还为慈禧太后建造过御用的“安澜福”画舫。1985 年重建“安澜福”画舫时，马家寨村后来的“水木匠”还在故宫博物院的收藏室里找到了当年慈禧亲手题写的御匾。他们用宣纸拿墨溻回，照原样雕刻制成匾额，复原了一件很有价值的文物。

现在北京颐和园、北海公园的游船和画舫，有很多就是白洋淀造船有限公司建造的，著名导演吴宇森执导的电影《赤壁》中的战船、龙船皆出自这个村的能工巧匠之手。老一辈马家寨的能工巧匠为白洋淀的造船业增添了光彩，新一代马家寨人也不能丢弃老辈们的传统技术，他们要把这一独门手艺继续传承下去。

▲ 芦苇手工艺品凸显传统工艺

芦苇是白洋淀最重要的物产之一，用芦苇制作的手工艺品也就成了白洋淀的特色产品。白洋淀用芦苇制作的手工艺品主要包括芦苇画和苇编织品，它们是白洋淀人民精湛手工技艺的集中展现。

芦苇画，就是以芦苇的茎叶为基本材料制作的绘画作品。关于芦苇画的起源时间众说不一。有的说起源于唐代，在隋唐时期就为宫廷工艺品；有的说起源于明初，至今已有五百多年的历史。但这些说法都没有相关明确记载和实物相佐证，只是民间流传的一些说法。

据画家刘岩（1950 年生，安新县南冯村人）介绍，在他小的时候，当地村民就有张挂芦苇画的习俗，当时的芦苇画是由当地的能工巧匠用芦草、芦苇编粘而成赠送亲朋，在春节时布置居室，多余的也在集市上出售，题材多是花鸟虫鱼。张挂一年后，在第二年春节前打扫卫生时，连同旧春联、门神等一同烧掉，然后再换新的。以后随着时代的发展，逐渐被年画取代。由于当时的芦苇画不易保存，且年年弃旧换新，现在也很难找到当年的实物资料了。

白洋淀芦苇画的复兴是在 20 世纪 80 年代初期，最初以传统花鸟题材为主，后逐渐拓展到人物、风景、书法题材。画面形式也在中国传统绘画形式的基础上吸收油画、版画的表现形式，创作出了描绘白洋淀水乡风情的作品，不仅丰富了芦苇画的表现力，也形成了芦苇画的地方特色。

芦苇画以芦苇的茎叶为主要绘画材料，有时也用一些芦花加以点缀。芦苇画的制作过程，首先是对绘画材料进行高温碳化，然后经过熨平、抽瓤、拼接、剪刻、染色、黏合等十几道工序，才能制作完成。制作过程中要综合运用多种艺术手法，以表现不同的题材，其中以色彩的运用最为讲究。芦苇画的制作特点是充分利用芦苇茎、叶的自然纹理以及在碳化后形成的深浅不一的色彩差别，因势就形，随类用色。在描绘水乡芦苇荡时，则干脆采用细小的苇草直接粘贴，效果栩栩如生。

芦苇画既可制作成通景屏等巨幅作品，也可制作成盈尺小品。大幅作品气势恢宏而不失精微，小品精致而气韵生动。这些都体现了白洋淀芦苇画成熟的精湛工艺。以前芦苇画不易保存，现在通过独特的苇材加工工艺，可使其百年不腐。另外，采用装入镜框、与瓷器结合等现代装饰陈列手法，更可使其永久保存。

芦苇画的表现题材非常广泛，从传统题材的梅兰竹菊、花鸟虫鱼、山水猛虎、红楼仕女，到现实题材的风景园林、名人肖像、飞机坦克，可谓应有尽有，这说明芦苇画的表现力是十分丰富的。白洋淀水乡题材作品的问世是芦苇画真正形成自己特色的标志。用白洋淀的苇材来描绘白洋淀的风光、风情，不能不说是一种天作之合。这类作品的题材具有独特的地域特色，这类题材中既有描绘荷塘、芦苇荡的花鸟画，也有描绘洗衣妇、牧鸭女的人物画，更有表现淀上月色、渔舟唱晚的风景画，还有表现支前抗日、雁翎神兵的历史画。真实的自然风光、淳朴的渔家生活纳入芦苇画中，使得白洋淀芦苇画这一来自水乡民间的艺术具有了更多的人文精神，在众多民间艺术中脱颖而出（见图 6.12）。

图 6.12　芦苇画（五福临门）

（杨丙军作品）

白洋淀苇编织品中的大宗是苇席和苇箔，前面已作过介绍。作为手工艺品的苇编织品，包括立帘、线帘、篱笆帘、苇天花板等 4 个品种。立帘选用 8 毫米金黄色的苇秆，切成数厘米的小段，用丝线串联而成，有的还加上彩色串珠，非常别致。线帘用棕色线绳当经，以去皮苇子为纬编织而成，用作遮挡的窗帘和居室的门帘，既实用，又可当装饰品。篱笆帘是用带皮的苇子串成的，用于水畔、湖滨洗澡围圈换衣服和花圃挡风。苇天花板是用两层以上苇篾编织成不同图案，再粘在胶合板上制成的，主要用作房间的墙壁板、屋顶的天花板。它的图案有十字纹、方块纹、三角纹、人字纹、胡椒眼等花型，用苇天花板装饰室内古雅素静，使人有置身于自然景物中的感觉。白洋淀苇编织品在日本、法国、美国、意大利等国家很受欢迎。

▲ 带有芬芳泥土气息的手工艺品

造船技艺和芦苇画属于白洋淀水区的特色手工艺品，在平原地区则是带有芬芳泥土气息的手工艺品占了上风，以雄县纸花、黑陶、仿古石雕为代表。这些手工艺品的制作技术均来自外地，但在雄县生根发芽，发展得红红火火。

纸花是古老的中国传统手工艺品，通常作为妇女头髻上的装饰品。雄县纸花生产始于明末清初，距今已有400多年的历史，制作技艺精湛、品种繁多，有纸花、绢绫、草花、金银花、麻绒花、拉翻花、蜡果花等七大类上百个品种。雄县米家务乡素有“中国纸花第一乡”的美誉，米家务纸花市场也是目前全国唯一的纸花交易专业市场，纸花产品畅销全国各地，并远销俄罗斯、东南亚，年交易量达数十亿朵。

黑陶是一种陶器艺术品种。中华黑陶工艺源于古老的河姆渡文化、大汶口文化和龙山文化，已有七千多年的灿烂历史，后因青铜器的出现被取代而失传四千余年。作为古老的传统陶艺品，黑陶有色如墨、声如钟、薄如纸、亮如镜、硬如瓷的美誉。

1986年，雄县孤庄头村创办了黑陶厂，在民间老艺人与中央工艺美术学院专家、书画名家的帮助下，充分利用当地红胶土作原料，经过手工拉坯成型、晾晒、轧光、画线、雕花以及烧结等多道程序，制作成乌黑、银灰、紫靛等多种色泽的黑陶工艺品。近年来，该厂依靠技术进步上档次、上水平、上工艺，研制开发出460多种产品，形成了仿古、现代、民族、西欧等多流派、多风格的黑陶产品系列，使古老的工艺品焕发出勃勃生机（见图6.13）。

仿古石雕是出现于明清而盛行于民国时期的一种手工艺术，

是近代石雕艺术一个不可缺少的部分。仿古石雕旨在仿制古石雕的造型、花纹和古朴的风格，目的在于欣赏和玩好，同时也以间接的方式反映出本时代的艺术风貌及精神文化风貌。仿古石雕主要有仿古花盆、仿古鱼缸、仿古麒麟、仿古貔貅、仿古门石、仿古拴马桩、仿古石桌石凳等题材的作品。雄县张岗乡仿古石雕（古玩）产业起源于宋辽边境贸易，经过当代几十年的恢复发展，雄县已成为中国北方最大的仿古石雕产业基地，2014 年 3 月被中国文学艺术界联合会、中国民间艺术家协会命名为“中国仿古石雕文化之乡”。

图 6.13　黑陶作品

（王力欣/摄）

四、现代以来的白洋淀文学流派

抗日战争带给雄安新区的不单单有战火硝烟，更有战争岁月催生的不朽文学作品，以孙犁及其创立的“荷花淀派”为最佳代表。

▲ 孙犁及其创立的“荷花淀派”

孙犁（1913—2002），原名孙树勋，河北省安平县大子文乡孙遥城村人。曾任天津市作家协会主席、天津市文联名誉主席。孙犁的代表作是短篇小说《荷花淀》。从艺术水平上来看，《荷花淀》确实不俗，它从淳朴而秀美的普通农村妇女形象的塑造、诗情画意的环境描写、旁观者目击的非血腥的战斗场面的描写等三个方面，用诗性的方式切入战争，从而消解了战争的残酷性。人们读《荷花淀》，更感觉到它的唯美色彩，恰如一幅淡妆浓抹的水彩画，把白洋淀的“北方水乡”之美与人物个性描绘完美地结合在一起。从20世纪五六十年代开始，《荷花淀》就已经作为经典篇目一直在语文教材中占据着不可动摇的位置。有人说在《荷花淀》里听到了平凡生活中的时代主旋律，此言不谬（见图6.14）。

图6.14　白洋淀文化苑的孙犁塑像

（杜书锋/摄）

孙犁尽管不是白洋淀人，但他在白洋淀边生活过。他自己回忆说：“我在白洋淀一带生活过，那时我在安新县同口镇完全小学教书。白洋淀边这个村镇的明丽景色，早晨晚上从野外飘来的那种水腥气味，小镇上人们的各种劳动和生活，给我留下了深刻的印象。”孙犁到同口镇完全小学是1936年下半年的事。在教书之余，他读了不少文学书籍。那时同口有个邮政代办所，他节衣缩食，邮购他喜欢的书报杂志。他读了很多鲁迅的文章。每天晚饭以后，除了到淀边、大堤上散步之外，孙犁就一个人钻进自己的小屋里“孤灯一盏，行李萧条”，把书摊在桌上，认真地阅读，读到精彩处，便把一些精辟片段抄录下来，贴在墙上，反复诵习，直到背过。“七七事变”爆发后，孙犁便离开了同口镇，回到家乡。

1938年初春，孙犁正式参加了抗日工作，首先在家里编写了一本名叫《民族革命战争与戏剧》的小册子，由冀中军区政治部作为文件油印发行。从此以后，孙犁就逐渐远离了家乡，先到阜平，再到延安。有一天，从冀中来了一位同志，给他讲了白洋淀雁翎队的“荷叶军”和地道战的故事。孙犁听了很受感动，立时激起了他的创作热情。他伏在窑洞的小油灯下，用粗糙的黄纸，写成了《荷花淀》这篇作品。1945年春，《荷花淀》在延安《解放日报》副刊发表，似一阵清新的风刮过解放区文坛，孙犁的名声大了起来。此后，孙犁又陆续发表了《芦花荡》《碑》《嘱咐》《藏》《光荣》等一系列作品(见图6.15)。

1947年，孙犁从延安起步，拿着一根六道木棍子，披着一件田间送给他的日本大衣，经张家口回到冀中，路上摇摇摆摆走了半个多月。孙犁在家住了几天，就顺着大堤来到白洋淀。旧地重游，感受很多。于是，他写出了《一别十年同口镇》《新安游记》《采蒲台的苇》《织席记》《渔民的生活》《白洋淀边一次小斗争》等速写式的散文。无论是描写白洋淀区还是滹河岸边，他在创作中始终忠于自己的艺术个性，在创作上逐步走向成熟，形成了清新明快、优美婉丽的艺术风格。

1949年，孙犁任《天津日报·文艺副刊》主编。此时，孙犁的

图 6.15　《荷花淀》部分单行本

创作趋于旺盛，长篇小说《风云初记》、中篇小说《铁木前传》等陆续发表。被孙犁的作品吸引和感染，许多青年作者走上文学创作的道路后，自觉或不自觉地在模仿和追随孙犁的艺术创作。在孙犁的坚持和鼓励下，以《天津日报·文艺副刊》为阵地，这些推崇孙犁艺术创作、擅长以北方乡下风土人情和农村生活为题材的作家群，便于 20 世纪 50 年代形成了具有鲜明地域特色的中国文学流派——“荷花淀”派，其中以刘绍棠、从维熙、韩映山、房树民等人为代表。这些年轻作家，以他们散发着泥土气息的、新颖生动的小说作品，在 20 世纪 50 年代的中国文坛崭露头角，仿佛一塘沐水而出的清荷，在初日的映照下，闪烁着新鲜而又温润的光泽。1957 年，孙犁大病一场，中止了创作；刘绍棠、从维熙被错划为右派；韩映山、房树民转而致力于编辑工作，“荷花淀派”遂飘零云散。

▲ 徐光耀与《小兵张嘎》

除了孙犁，还有一位作家也是以抗日战争时期的白洋淀为写作对象的，在新中国文学史上留下了浓墨重彩的一页，他就是徐光耀。徐光耀生于1925年，雄县段岗村人。他13岁参加八路军并加入中国共产党，在冀中抗日烽火中逐渐锤炼为一名优秀的战士。

1947年1月10日，徐光耀进入华北联合大学文艺学院文学系，只上了8个月就毕业了，之后留校做研究生。虽然在华北联大就读时间不足一年，却给他后半生的文学事业奠定了基础。在这一年，他的小说《周玉章》在《冀中导报》上发表，颇受好评。1950年7月，徐光耀的小说《平原烈火》由人民文学出版社隆重推出，社会反响很好，因而当年再版4次，印行6万册。

1958年2月，徐光耀完成了中篇小说《小兵张嘎》，但直到1961年才发表在《河北文艺》11月、12月的合刊号上。次年年初，《小兵张嘎》单行本由中国少年儿童出版社隆重推出；同时，该小说又被《北京晚报》连载。1963年末，《小兵张嘎》由上海人民美术出版社改编为同名连环画出版发行，后又多次再版或被其他出版社改编发行。1963年，电影《小兵张嘎》由北京电影制片厂摄制完成并在全国公映，引起了很大轰动，成为陪伴着几代人成长的新中国经典影片之一。

截至今日，《小兵张嘎》再版或重印20多次，发行100多万册，并被翻译成英、印、德、泰、朝、阿拉伯、塞尔维亚等多种文字，在世界上广泛流传，成为我国当代文学中不可多得的儿童文学经典名著。当然，小说所描写的白洋淀也成为国人家喻户晓的地方。

▲ 袁静、孔厥的长篇小说——《新儿女英雄传》

白洋淀火热的抗战生活，吸引了延安的文学工作者来此采风、创作，袁静、孔厥合著的长篇小说——《新儿女英雄传》就是很好的证明。

袁静(1914—1999),原名袁行规、袁行庄,江苏武进人,出生于北京。肄业于国立北平艺术专科学校,1935 年加入中国共产党,1940 年春进入延安陕北公学学习。1945 年创作秦腔剧本《刘巧儿告状》,后被移植为评剧,产生了广泛的影响。孔厥(1914—1966),原名郑志万,字云鹏,江苏苏州人。他出生于一个城市贫民的家庭,但受到了良好的教育。6 岁半入私塾读书,后转入新式小学,1935 年毕业于江苏省立测量专科学校。1938 年到延安,进入鲁迅艺术学院第一期。进鲁艺不久他完成了短篇小说《老会长》,得到何其芳、李广田的称赞,被推荐到《七月》上发表,旋即到新成立的"鲁艺"文学研究室任研究员。

抗日战争胜利后,许多人调离了延安。但袁静和孔厥都留在了边区文艺界协会,继续下乡体验生活,合作从事创作。1947 年年底,他们合作的章回体小说《血尸案》在《冀中日报》上发表,受到了评论界和读者的好评。为了贯彻毛泽东《在延安文艺座谈会上的讲话》精神,走文艺大众化的道路,与工农兵相结合,创作出一部有分量的长篇小说,1948 年他们从延安来到冀中。

袁静、孔厥起初与秦兆阳一道合作,后因缺乏素材,写了一半无法再继续下去,秦兆阳又退了出去。袁静、孔厥便决定到安新县"雁翎队"的根据地——抗日最为活跃的地方去体验生活。在一次与妇联主任马淑芳闲聊的过程中,两人被她的不幸生活遭遇及革命经历所触动,获得了创作灵感。袁静后来在《关于"新儿女英雄传"的创作》中说:"使我有了想要塑造这样一种妇女典型的强烈愿望,我好像发现了新的矿藏。"后来马淑芳就成了小说中小梅的原型。这时,袁静与孔厥在工作中产生了爱情。结婚不久,两人一道深入连队,采访干部及雁翎队队员,掌握了大量素材。

然后酝酿构思，合写提纲。袁静撰写初稿，孔厥加工修改，以“深入浅出，雅俗共赏”八字为创作目标。历时数月，这部表现白洋淀抗日斗争事迹的小说脱稿了。为了将书名与清代文康的小说《儿女英雄传》相区别，他们在书名前增加了一个“新”字，定名为《新儿女英雄传》。原河北省文联副主席康濯在《莲池断想》一文中曾提道：“听得袁静说，她和孔厥正住在莲池写作《新儿女英雄传》。那个地方环境很幽美，很漂亮。”由此可知，孔厥、袁静是在保定莲池创作出《新儿女英雄传》的（见图 6.16）。

图 6.16　雁翎队纪念馆

（杜书锋/摄）

《新儿女英雄传》最初连载于《人民日报》1949 年 5 月 25 日至 7 月 12 日的文艺版上，1949 年 9 月由海燕书店正式出版。书前有《郭沫若序》和《谢觉哉序》。郭沫若在序中写道：“人们久在埋怨‘中国没有伟大的作品’，但这样的作品的确是在产生着了。”谢觉哉给出的评价也很高:“他俩写作是严肃而努力的,因而他俩的作品是成功的。”小说描绘了白洋淀抗日根据地游击队队员们英勇抗日的故事,“人物的刻画,事件的叙述,都很踏实自然,而运用人民大众的语言也非常纯熟”。(《郭沫若序》)所以才吸引了谢觉哉“我读着、读着,不肯释手”,甚至“我的十岁小女孩定定跟着读,像也有不肯释手的样子”。小说一面世,便深受好评。其国内总发行量达 380 万册以上,并被译成英、法、德、俄、日等 10 余种文字在国外出版。

1951 年,《新儿女英雄传》由北京电影制片厂拍摄成同名电影,并在捷克斯洛伐克第 6 届卡罗维发利国际电影节上获导演特别荣誉奖,又获得文化部 1949—1955 年优秀影片三等奖。1951 年迄今,还被改编为同名连环画,由多家出版社出版;1998 年、2011 年又两次被人民美术出版社作为精品连环画再版印行,成为连环画中不可多得的文学经典之一。1966 年,被杨田荣改编为同名评书,1981 年又被单田芳改编为 40 集同名评书,均在鞍山人民广播电台播放。1993 年,被改编摄制为 14 集同名电视连续剧。由此可见,《新儿女英雄传》在新中国文学史上的重要地位和广泛的社会影响力。

▲“白洋淀诗群”

20 世纪 70 年代,中国当代文学史上还形成了一个著名的“白洋淀诗群”。“白洋淀诗群”的形成既有时代的烙印,又跟白洋淀距离北京较近的区位优势有关。1969 年以后,一批北京的中学生先后到此“插队”,他们中有根子(岳重)、多多(栗士征)、芒克(姜世伟)、林莽(张建中)、宋海泉、方含(孙康)等。另外,还有一些北京、山西等地的青年,因与他们关系密切,多次造访白洋淀渔村,交流看法和诗艺,如北岛(赵振开)、江河(于友泽)、严力、郑义、甘铁生、陈凯歌等(见图 6.17)。

图 6.17　芦苇画《白洋淀风情》

（杨丙军作品）

这些“知青”原来大多就读于北京有名的中学，出身于知识分子或高级干部家庭，有比较广阔的阅读范围。“文革”中，又虽不成系统、但涉猎当时属于“禁书”的中外文学、政治、哲学等方面书籍。他们这一时期的诗作，有对于现实社会秩序，对专制、暴力的批判的主题，也写下他们生命的受挫，表达足下的土地发生断裂、错动时的迷惑、孤独和痛苦的体验。在艺术方法上，虽然也从中国当代主流诗歌中接受影响，但在较广泛的阅读中，也多方面地从中国现代诗歌和外国诗歌中寻找材料和方法。这在写作上出现了这样的现象：诗中使用的意象、描述的情景，许多来自他们读到的诗、小说，而与作者当时生活环境的关系并不是很密切；他们的感受和表达方式，大都与他们的阅读和“文化积累”有关。由于心理上和在实际生活中的普遍被放逐的感觉，使他们中的一些人更倾向于俄国诗人（如普希金、叶赛宁、茨维塔耶娃等）的抒情方式。诗歌作品主要靠小圈子传看、传抄的阅读方式传播。对这一“诗群”的作品搜集和研究，在 20 世纪 80 年代初就已经开始了。一些诗选和研究论著，大体上将其看作是发生于“新时期”的“新诗潮”（或“朦胧诗”）的准备或源头。

第七章

建设千秋之城

雄安新区是为了推动京津冀协同发展这一重大国家战略而设立的。它作为北京非首都功能疏解集中承载地，要建设成为高水平社会主义现代化城市、京津冀世界级城市群的重要一极、现代化经济体系的新引擎、推动高质量发展的全国样板。

一、高起点规划、高标准建设雄安新区

2018 年 4 月 14 日，中共中央、国务院下发关于对《河北雄安新区规划纲要》的批复。批复中提到，要按照高质量发展要求，建设北京非首都功能疏解集中承载地，创造“雄安质量”和成为推动高质量发展的全国样板。

▲ *雄安新区的发展定位*

自 2017 年 4 月 1 日雄安新区设立以来，规划建设雄安新区，是以习近平同志为核心的党中央对深化京津冀协同发展作出的又一项重大决策部署，是一项历史性工程。规划建设雄安新区，对承接北京非首都功能、探索人口密集地区优化开发模式、调整优化京津冀空间结构、培育推动高质量发展和建设现代化经济体

系的新引擎，具有重大的现实意义和深远的历史意义。要坚持世界眼光、国际标准、中国特色、高点定位，高标准高质量组织规划编制，有计划分步骤推动雄安新区建设。雄安新区的发展定位体现在四个方面：

第一，绿色生态宜居新城区。坚持把绿色作为高质量发展的普遍形态，充分体现生态文明建设要求，坚持生态优先、绿色发展，贯彻绿水青山就是金山银山的理念，划定生态保护红线、永久基本农田和城镇开发边界，合理确定新区建设规模，完善生态功能，统筹绿色廊道和景观建设，构建蓝绿交织、清新明亮、水城共融、多组团集约紧凑发展的生态城市布局，创造优良人居环境，实现人与自然和谐共生，建设天蓝、地绿、水秀美丽家园。

第二，创新驱动发展引领区。坚持把创新作为高质量发展的第一动力，实施创新驱动发展战略，推进以科技创新为核心的全面创新，积极吸纳和集聚京津及国内外创新要素资源，发展高端高新产业，推动产学研深度融合，建设创新发展引领区和综合改革试验区，布局一批国家级创新平台，打造体制机制新高地和京津冀协同创新重要平台，建设现代化经济体系。

第三，协调发展示范区。坚持把协调作为高质量发展的内生特点，通过集中承接北京非首都功能疏解，有效缓解北京"大城市病"，发挥对河北省乃至京津冀地区的辐射带动作用，推动城乡、区域、经济社会和资源环境协调发展，提升区域公共服务整体水平，打造要素有序自由流动、主体功能约束有效、基本公共服务均等、资源环境可承载的区域协调发展示范区，为建设京津冀世界级城市群提供支撑。

第四，开放发展先行区。坚持把开放作为高质量发展的必由之路，顺应经济全球化潮流，积极融入"一带一路"建设，加快政府职能转变，促进投资贸易便利化，形成与国际投资贸易通行规则相衔接的制度创新体系；主动服务北京国际交往中心功能，培育区域开放合作竞争新优势，加强与京津、境内其他区域及港澳台地区的合作交流，打造扩大开放新高地和对外合作新平台，为提升京津冀开放型经济水平作出重要贡献(见图 7.1)。

图 7.1　安新县城一角

(田野/摄)

▲ *雄安新区的建设目标*

选择特定区域作为起步区先行开发，在起步区划出一定范围规划建设启动区，条件成熟后再有序稳步推进中期发展区建设，并划定远期控制区为未来发展预留空间(见图 7.2)。

到 2035 年，基本建成绿色低碳、信息智能、宜居宜业、具有较强竞争力和影响力、人与自然和谐共生的高水平社会主义现代化城市。城市功能趋于完善，新区交通网络便捷高效，现代化基础设施系统完备，高端高新产业引领发展，优质公共服务体系基本

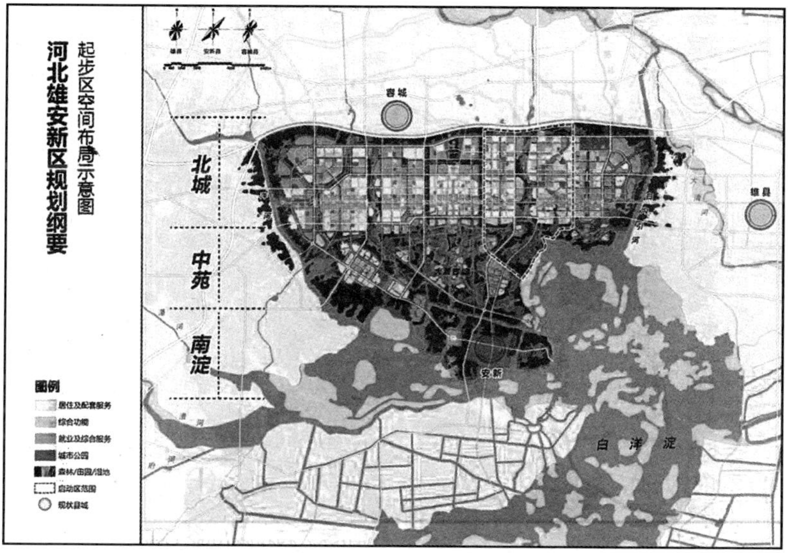

图 7.2　起步区空间布局示意

资料来源：《河北雄安新区规划纲要》。

形成，白洋淀生态环境根本改善。有效承接北京非首都功能，对外开放水平和国际影响力不断提高，实现城市治理能力和社会管理现代化，“雄安质量”引领全国高质量发展作用明显，成为现代化经济体系的新引擎。

到 21 世纪中叶，全面建成高质量高水平的社会主义现代化城市，成为京津冀世界级城市群的重要一极。集中承接北京非首都功能成效显著，为解决“大城市病”问题提供中国方案。新区各项经济社会发展指标达到国际领先水平，治理体系和治理能力实现现代化，成为新时代高质量发展的全国样板。彰显中国特色社会主义制度优越性，努力建设人类发展史上的典范城市，为实现中华民族伟大复兴贡献力量。

▲ 努力创造“雄安质量”

将雄安新区定位于继深圳经济特区和上海浦东新区之后又一具有全国意义的新区，实现从“深圳速度”到“雄安质量”的转变，标志着中国经济发展正由高速增长阶段向高质量发展阶段转变。

深圳经济特区于1980年设立。1979年8月26日，经中华人民共和国第五届全国人民代表大会常务委员会第15次会议决定批准，在深圳市境内划出327.5平方千米地域设置经济特区。1980年8月，全国人大常委会颁布了《广东省经济特区条例》，深圳经济特区正式成立，地域包括今深圳市罗湖、福田、南山3个区。2010年5月31日，中央批准深圳扩大特区版图的申请，深圳特区范围延伸至全市，特区总面积扩容为1948平方千米。30多年前，深圳曾经创造了3天一层楼的“深圳速度”，并逐渐成为高速发展的代名词。“时间就是金钱、效率就是生命”的口号，也开始走向全国。

上海浦东新区设立于1990年。1990年10月11日，国务院批复设立上海市浦东新区。2009年5月，上海市南汇区并入浦东新区，浦东新区总面积为1210平方千米。经过近30年的高速发展，浦东新区已经成为世界闻名的金融中心，目前最负盛名的陆家嘴地区曾经是一个破旧棚户、低矮厂房和农田犬牙交错的落后地区。

雄安新区目前仍是以农田村庄为主的经济不发达地区。2016年总体的人均GDP水平略低于全国平均水平，人均GDP值不足同期北京市和天津市的1/2，接近同期深圳经济特区的1/4。雄安新区不同于一般意义上的新区，是千年大计、国家大事，是一项历史性工程。要立足全国经济高质量发展的阶段性特征，创造“雄安质量”，建设高质量发展的全国样板。雄安新区发展的路径与方向是采用现代信息、环保技术，建成绿色低碳、智能高效、环保宜居且具备优质公共服务的新型城市，体现创新、绿色、协调、开放、共享等先进发展理念（见图 7.3）。

图 7.3　激情涌现

（张学农/摄）

二、雄安新区的空间布局与产业定位

雄安新区坚持城乡统筹、均衡发展、宜居宜业的原则，规划形成“一主、五辅、多节点”的城乡空间布局；瞄准世界科技前沿，面向国家重大战略需求，通过承接符合新区定位的北京非首都功能疏解，积极吸纳和集聚创新要素资源，高起点布局高端高新产业，推进军民深度融合发展，加快改造传统产业，建设实体经济、科技创新、现代金融、人力资源协同发展的现代产业体系。

▲ 雄安新区要形成“一主、五辅、多节点”的城乡空间布局

所谓“一主”，是指起步区，选择容城、安新两县交界区域作为起步区，是新区的主城区，按组团式布局，先行启动建设。在起步区适当区域规划建设启动区，面积20～30平方千米，重点承接北京非首都功能疏解，突出创新特色，提供优质公共服务，集聚一批互联网、大数据、人工智能、前沿信息技术、生物技术、现代金融、总部经济等创新型、示范性重点项目，发挥引领带动作用；加强生态环境建设，打造韧性安全的城市基础设施，精心塑造城市特色，形成宜居宜业现代化城市风貌。

所谓“五辅”，是指雄县、容城、安新县城及寨里、昝岗5个外围组团。截至2015年年底，雄县县城（驻雄州镇），建成区面积为9.47平方千米，建成区常住人口72 103人；容城县县城（驻容城镇），建成区面积为9.24平方千米，建成区常住人口27 725人；安新县县城（驻安新镇），建成区面积为7.30平方千米，建成区常住人口13 821人；寨里（安新县所辖乡）面积为57平方千米，户籍人口36 712人；昝岗（雄县所辖镇）面积为45平方千米，户籍人口35 661人。规划要求，全面提质扩容雄县、容城两个县城，优化调整安新县城，建设寨里、昝岗两个组团，与起步区之间建设生态隔离带（见图7.4）。

所谓“多节点”，是指若干特色小城镇和美丽乡村，实行分类特色发展，划定特色小城镇开发边界，严禁大规模开发房地产。北部小城镇主要以高端服务、网络智能、军民融合等产业为特色；南部小城镇主要以现代农业、生态环保、生物科技、科技金融、文化创意等产业为特色。美丽乡村建设规划用地规模为50平方千米，保持自然风光、田园风貌，突出历史记忆、地域特色，规划建设特色村落，充分利用清洁能源，建成基础设施完善、服务体系健全、基层治理有效、公共服务水平较高的宜居宜业宜游的美丽乡村。

图 7.4　淀区一角(寨里村外)

(杜书锋/摄)

起步区要综合考虑地形地貌、水文条件、生态环境等因素,科学布局城市建设组团,形成“北城、中苑、南淀”的总体空间格局。“北城”即充分利用地势较高的北部区域,集中布局五个城市组团,各组团功能相对完整,空间疏密有度,组团之间由绿廊、水系和湿地隔离;“中苑”即利用地势低洼的中部区域,恢复历史上的大溵古淀,结合海绵城市建设,营造湿地与城市和谐共融的特色景观;“南淀”即南部临淀区域,通过对安新县城和淀边村镇改造提升和减量发展,严控临淀建设,利用白洋淀生态资源和燕南长城遗址文化资源,塑造传承文化特色、展现生态景观、保障防洪安全的白洋淀滨水岸线。

▲ *雄安新区立足于发展高端高新产业*

雄安新区的规划建设与深圳经济特区、上海浦东新区一样,都具有承接产业转移的特征。所不同的是，深圳经济特区成立之初，承接的主要是以港台、东南亚为主体的产业发展低端环节。加工贸易是深圳经济特区成立伊始承接产业转移的主要形态。具有较高历史起点的上海浦东新区，由于在20世纪90年代中国对外开放已经获得了较大的成功，所以浦东新区相较于深圳经济特区可以站在承接国际产业转移更高的起点上。与深圳经济特区相比，上海浦东新区重点面向大跨国公司和有较高技术含量的中小配套项目进行定向招商。截至2016年年底，浦东新区累计有外资企业22 309户，在各类市场主体中占比近6%；累计注册资本近1.8万亿元，在各类市场主体中占比23.49%。2016年，浦东新区新设外资企业2 686户，占上海市总量的近一半；注册资本1 762.26亿元，超过上海市总量的70%。经过20多年的发展，浦东新区已经成为外企的重要聚集地。雄安新区承接产业转移首先面向的是集中疏解北京的非首都功能，在此过程中，一系列与首都无关的产业功能将转移至雄安新区，进而形成雄安新区迥异于深圳经济特区和上海浦东新区的产业转移承载特点。

作为北京非首都功能疏解的集中承载地，雄安新区要明确承接的重点：(1) 在高等学校和科研机构方面，重点承接著名高校在新区设立分校、分院、研究生院等，承接国家重点实验室、工程研究中心等国家级科研院所、创新平台、创新中心。(2) 在医疗健康机构方面，重点承接高端医疗机构在雄安新区设立分院和研究中心，加强与国内知名医学研究机构合作。(3) 在金融机构方面，承接银行、保险、证券等金融机构总部及分支机构，鼓励金融骨干企业、分支机构开展金融创新业务。(4) 在高端服务业方面，重点承接软件和信息服务、设计、创意、咨询等领域的优势企业，以及现代物流、电子商务等企业总部。(5) 在高技术产业方面，重点承接新一代信息技术、生物医药和生命健康、节能环保、高端新材料等领域的央企以及创新型民营企业、高成长性科技企业(见图 7.5)。

图 7.5　安新县白洋淀旅游码头

(杜书锋/摄)

除明确北京非首都功能疏解的承接重点外,雄安新区还要明确未来的产业发展重点:(1) 新一代信息技术产业。围绕建设数字城市,重点发展下一代通信网络、物联网、大数据、云计算、人工智能、工业互联网、网络安全等信息技术产业;近期依托 5G 率先大规模商用、IPv6 率先布局,培育带动相关产业快速发展;发展物联网产业,推进智能感知芯片、智能传感器和感知终端研发及产业化。(2) 现代生命科学和生物技术产业。率先发展脑科学、细胞治疗、基因工程、分子育种、组织工程等前沿技术,培育生物医药和高性能医疗器械产业,加强重大疾病新药创制。(3) 新材料产业。聚焦人工智能、宽带通信、新型显示、高端医疗、高效储能等产业发展对新材料的重大需求，在新型能源材料、高技术信息材料、生物医学材料、生物基材料等领域开展应用基础研究和产业化，突破产业化制备瓶颈，培育新区产业发展新增长点。(4) 高端现代服务业。接轨国际，发展金融服务、科创服务、商务服务、智慧物流、现代供应链、数字规划、数字创意、智慧教育、智慧医疗等现代服务业，促进制造业和服务业深度融合。集聚银行、证券、信托、保险、租赁等金融业态，依法合规推进金融创新，推广应用先进金融科技。围绕创新链构建服务链，发展创业孵化、技术转移转化、科技咨询、知识产权、检验检测认证等科技服务业，建设国家质量基础设施研究基地。发展设计、咨询、会展、电子商务等商务服务业，建设具有国际水准的总部商务基地。发展创意设计、高端影视等文化产业，打造国际文化交流重要基地。发展国际仲裁、律师事务所等法律服务业。(5) 绿色生态农业。建设国家农业科技创新中心，发展以生物育种为主体的现代生物科技农业，推动苗木、花卉的育种和栽培研发，建设现代农业设施园区。融入科技、人文等元素，发展创意农业、认养农业、观光农业、都市农业等新业态，建设一二三产业融合发展示范区。

三、强化区域协调发展

雄安新区作为京津冀城市群的重要一极，有其特殊的功能和作用，它加大了“京—津—保三角”的联系强度，将为中国经济发展培育出下一个健康、快速增长的核心区域，因而必须注意强化区域协调发展。

▲ 京津冀城市群的重要一极

城市群已经成为推进中国区域经济一体化发展的主体形态，更是中国未来经济发展中最具活力和潜力的核心增长极，主宰着国家经济发展的命脉。目前,中国有三大城市群,即珠江三角洲城市群、长江三角洲城市群和京津冀城市群。

珠江三角洲城市群是第一个发展起来的城市群。它是借助于改革开放的春风和毗邻香港地区的优越地理位置,最先实行对外开放,引进海外的资金、技术和企业管理模式,从而获得了超常规的经济增长。它的投资最初来自港台地区,而后几乎世界上每一个主要经济体都参与将该地区的农业产地转变成工业城镇区。

长江三角洲城市群虽然比珠江三角洲城市群发育得晚一些,但因作为城市群首位城市的上海市有着雄厚的经济实力和工业基础,以及拥有中国最大的港口,再加上与之毗邻的江苏省和浙江省经济实力也不弱,所以在很短的时期内迅速崛起,超越珠江三角洲城市群而成为中国规模和实力最大的城市群。

相比于珠江三角洲城市群和长江三角洲城市群,京津冀城市群发育得更要晚一些,但以北京为首位城市的京津冀城市群有深厚的历史底蕴和丰富的文化资源,同时北京作为国家首都在区位、政策、人才、资金、市场等方面得天独厚的优势,这使得京津冀城市群具有了后发优势。并且,作为全国四个直辖市之一的天津,经济实力和交通区位优势也很明显,与北京构成推动京津冀城市群发展的“双核心”。

经过多方面的比较和研究,彭秀良、魏占杰给出了京津冀城市群的具体城市数目,包括北京、天津两个超大城市,石家庄、唐山两座特大城市,保定、张家口、秦皇岛等 3 个大城市,沧州、承德、廊坊等 3 个中等城市,以及迁安、遵化、三河、涿州、高碑店、安国、定州、新乐、霸州、任丘、河间、黄骅、深州、晋州、平泉等 15 个小城市,总共 25 个城市。规划建设中的雄安新区将成为京津冀城市群的第 26 个成员,并进入大城市之列(见图 7.6)。

图 7.6　雄县白洋淀温泉城别墅区一角

（王力欣/摄）

雄安新区作为北京非首都功能疏解集中承载地，与北京城市副中心（北京市通州区）形成北京发展新的两翼，共同承担起解决北京“大城市病”的历史重任，有利于探索人口经济密集地区优化开发新模式；培育建设现代化经济体系的新引擎，与以 2022 年北京冬奥会和冬残奥会为契机推进张北地区建设形成河北两翼，补齐区域发展短板，提升区域经济社会发展质量和水平，有利于形成新的区域增长极；建设高水平社会主义现代化城市，有利于调整优化京津冀城市布局和空间结构，加快构建京津冀世界级城市群。因此，雄安新区必将发展成为京津冀城市群的重要一极。

▲ 推进雄安新区与周边地区协同发展

由于雄安新区有着特殊的功能定位，所以《河北雄安新区规划纲要》提出：“按照科学规划、合理布局的原则，新区着力与北京中心城区、北京城市副中心和天津市在功能上优势互补，实现错位发展、互利共赢；加强新区与保定、廊坊、沧州等周边地区相关规划的衔接，统筹承接北京非首都功能疏解，统筹推进新型城镇化建设，统筹安排教育、医疗、卫生、体育等功能，统筹布局生态、产业、交通和基础设施，实行协同规划、产业联动，努力打造协调发展示范区。”

努力打造协调发展示范区，本身就是雄安新区设立的初衷。加强与北京中心城区、北京城市副中心在功能上优势互补，实现错位发展、互利共赢，亦是雄安新区作为疏解北京非首都功能集中承载地的题中应有之义；同样地，加强与天津市在功能上优势互补，实现错位发展、互利共赢，也是京津冀协同发展的客观要求。雄安新区处于内陆，既非海滨城市，又与邻近的海港有着一段不小的距离。从秦皇岛港沿着渤海海岸线向南，在不到500海里的区域内，依次排列着秦皇岛、唐山、天津、黄骅四大港口。这一港群体系，有着环渤海出海口岸“做大做强”的优势，构成京津冀城市群的海上国际门户。根据直线距离和历史联系等因素分析，雄安新区的出海口应该选择在天津港，但是，雄安到天津缺少一条内河航线，削弱了出口运输能力。

雄安新区距离保定仅有30千米，并且历史上的联系非常紧密，所以强化雄安新区与保定的联系，以雄安新区的规划建设为契机推动“京—津—保三角”的率先联动发展，是极为有利的。1861年天津开埠以后，“京—津—保三角”逐渐形成了一种基于市场基础上的合理分工与内在联系，只是在新中国成立后推行计划经济体制人为割断了原有的市场—城市关系，又以行政区划阻隔了三地间的经济贸易往来，造成了一定程度上的地区封锁。随着市场化改革进程的加快和京津冀协同发展战略的实施，重塑“京—津—保三角”关系便有了全新的现实意义。从地图上看，雄安新区恰好处于“京—津—保三角”的底边上，可以发挥更加充裕的力量，使得“京—津—保三角”区域成为未来京津冀城市群的核心区域。我们不赞同以北京、天津为顶点的所谓“京三角”（即北京、天津、雄安新区组成的三角区域）格局设想，也不赞同“京—保—石”走廊的格局设想，只有将雄安新区嵌入其间的“京—津—保三角”才会形成更加强大的合力，也才会对京津冀城市群的发展产生巨大的动能（见图 7.7）。

图 7.7　“华北明珠”风帆造型

（李泽辉/摄）

京津冀城市群要成长为世界级城市群，靠的是市场机制，靠的是多方合作，而不是彼此竞争。在这一过程中，雄安新区应该发挥其独有的作用。雄安新区承载着“京—津—保三角”乃至京津冀城市群未来发展的希望，它需要聚集起更多的资源，打造真正的经济增长新引擎，创新驱动发展的新高地。

参考文献

[1] 安新县地方志办公室.白洋淀志.中国书店出版社,1996.
[2] 安新县地方志编纂委员会.安新县志.新华出版社,2000.
[3] 白洋淀国土经济研究会等.白洋淀综合治理与开发研究.河北人民出版社,1987.
[4] 保定千年古县编纂委员会.保定千年古县.河北大学出版社,2008.
[5] 本书编写组.河北雄安新区解读.人民出版社,2017.
[6] 邓绶林等.河北地理概要.河北人民出版社,1984.
[7] 葛剑雄.统一与分裂：中国历史的启示.商务印书馆,2013.
[8] 国家统计局农村社会经济调查司.中国县域统计年鉴(县市卷)·2016.中国统计出版社,2017.
[9] 国家统计局农村社会经济调查司.中国县域统计年鉴(乡镇卷)·2016.中国统计出版社,2017.
[10] 河北省地方志编纂委员会.河北省志·水产志.天津人民出版社,1996.
[11] 河北省地方志编纂委员会.河北省志·交通志.河北人民出版社,1992.

[12] 河北省地名办公室.河北政区沿革志.河北科学技术出版社,1985.
[13] 河北省人民政府、河北省统计局.河北农村统计年鉴(2015).中国统计出版社,2016.
[14] 金洁.白洋淀边摄影人.河北美术出版社,2008.
[15] 康振海.雄安新区经济社会发展研究.河北人民出版社,2018.
[16] 李成果.中国白洋淀.河北人民出版社,2002.
[17] 李永鸿.白洋淀渔歌.河北人民出版社,1972.
[18] 梁春风.任丘古今揽胜.河北教育出版社,2016.
[19] 刘秀娟.白洋淀流域水资源管理体制研究.中国农业出版社,2013.
[20] 彭秀良、魏占杰.幽燕六百年：京津冀城市群的前世今生.北京大学出版社,2017.
[21] 容城县地方志编纂委员会.容城县志.方志出版社,1999.
[22] 容城县政协文史资料委员会、容城县拒马诗社.容城诗选.改革出版社,1989.
[23] 单德启等.中国民居.五洲传播出版社,2010.
[24] 司存喜.保定文化资源概览.河北大学出版社,2009.
[25] 王洪道等.我国的湖泊.商务印书馆,1984.
[26] 王树才等.河北省航运史.人民交通出版社,1988.
[27] 王卫.河北地理.北京师范大学出版社,2012.
[28] 吴占良.洁清自守：潘龄皋书法集.河北大学出版社,2016.
[29] 项阳、张国振.白洋淀上的一颗民间音乐明珠：圈头村"音乐圣会".中央音乐学院出版社,2013.
[30] 雄县县志编纂委员会.雄县志.中国社会科学出版社,1992.
[31] 杨伯震.中华万里疆域：中国省区地理新编.人民教育出版

社，2010.
[32] 政协安新县文史资料委员会.安新县文史资料.第3、4、5辑.
[33] 朱宣清、弓冉等.白洋淀环境演变及预测.西安地图出版社，1994.
[34] 中共河北省委、河北省人民政府.河北雄安新区规划纲要.人民出版社，2018.
[35] 钟声.西河大鼓史话.花山文艺出版社，1991.
[36] 周顺生.雄县水利志.中国社会出版社，1994.
[37] 邹逸麟.黄淮海平原历史地理.安徽教育出版社，1993.

附录一

雄安新区规划主要指标

分项	指标		2035年
创新智能	1	全社会研究与试验发展经费支出占地区生产总值比重(%)	6
	2	基础研究经费占研究与试验发展经费比重(%)	18
	3	万人发明专利拥有量(件)	100
	4	科技进步贡献率(%)	80
	5	公共教育投入占地区生产总值比重(%)	≥5
	6	数字经济占城市地区生产总值比重(%)	≥80
	7	大数据在城市精细化治理和应急管理中的贡献率(%)	≥90
	8	基础设施智慧化水平(%)	≥90
	9	高速宽带标准	高速宽带无线通信全覆盖、千兆入户、万兆入企

（续表）

分项	指　　标		2035 年
绿色生态	10	蓝绿空间占比（%）	≥70
	11	森林覆盖率（%）	40
	12	耕地保护面积占新区总面积比例（%）	18
	13	永久基本农田保护面积占新区总面积比例（%）	≥10
	14	起步区城市绿化覆盖率（%）	≥50
	15	起步区人均城市公园面积（平方米）	≥20
	16	起步区公园 300 米服务半径覆盖率（%）	100
	17	起步区骨干绿道总长度（公里）	300
	18	重要水功能区水质达标率（%）	≥95
	19	雨水年径流总量控制率（%）	≥85
	20	供水保障率（%）	≥97
	21	污水收集处理率（%）	≥99
	22	污水资源化再生利用率（%）	≥99
	23	新建民用建筑的绿色建筑达标率（%）	100
	24	细颗粒物（$PM_{2.5}$）年均浓度（微克/立方米）	大气环境质量得到根本改善
	25	生活垃圾无害化处理率（%）	100
	26	城市生活垃圾回收资源利用率（%）	＞45
幸福宜居	27	15 分钟社区生活圈覆盖率（%）	100
	28	人均公共文化服务设施建筑面积（平方米）	0.8
	29	人均公共体育用地面积（平方米）	0.8
	30	平均受教育年限（年）	13.5

（续表）

分项	指	标	2035 年
幸福宜居	31	千人医疗卫生机构床位数（张）	7.0
	32	规划建设区人口密度（人/平方千米）	≤10 000
	33	起步区路网密度（千米/平方千米）	10～15
	34	起步区绿色交通出行比例（%）	≥90
	35	起步区公共交通占机动化出行比例（%）	≥80
	36	起步区公共交通站点服务半径（米）	≤300
	37	起步区市政道路公交服务覆盖率（%）	100
	38	人均应急避难场所面积（平方米）	2～3

附录二

雄安新区国家级和省级文物保护单位名录

名　　称	时　　代	地　　址	级　别
三各庄遗址	新石器时代	雄县三各庄村	国家级
南阳遗址	春秋战国	容城县南阳村	国家级
宋辽边关地道	北宋	雄县邢村	国家级
上坡遗址	新石器时代、商、周	容城县上坡村	省　级
晾马台遗址	商、周	容城县晾马台村	省　级
黑龙口燕长城	春秋战国	容城县黑龙口村	省　级
留村遗址	新石器时代	安新县留村	省　级
梁庄遗址	新石器时代	安新县梁庄村	省　级
山西村砖塔	明	安新县山西村	省　级
陈调元庄园	民国	安新县同口镇	省　级
陈子正故居	民国	雄县李林庄村	省　级

附录三

雄安新区国家级和省级非物质文化遗产名录

项目名称	项 目 类 别	申报地区或单位	级 别
雄县古乐	传统音乐	雄 县	国家级
鹰爪翻子拳	传统体育游艺与杂技	雄 县	国家级
圈头村音乐会	传统音乐	安新县	国家级
白洋淀丧葬习俗	民俗	安新县	省 级
安新县芦苇画	传统美术	安新县	省 级
白洋淀面塑	传统技艺	安新县	省 级
白洋淀苇编	传统技艺	安新县	省 级
传统造船技艺	传统技艺	安新县	省 级
圈头村八趟掩手	传统体育游艺与杂技	安新县	省 级
圈头村少林会	传统体育游艺与杂技	安新县	省 级
同口村音乐会	传统音乐	安新县	省 级
端村音乐会	传统音乐	安新县	省 级
关城村音乐会	传统音乐	安新县	省 级

（续表）

项目名称	项 目 类 别	申报地区或单位	级 别
十里铺村音乐会	传统音乐	雄 县	省 级
韩庄村古乐	传统音乐	雄 县	省 级
王派西河大鼓	曲艺	雄 县	省 级
鄚州庙会	民俗	雄 县	省 级
阴阳八盘掌	传统体育游艺与杂技	雄 县	省 级
岳氏散手	传统体育游艺与杂技	雄 县	省 级

致　谢

本书的写作和出版得到了很多机构和朋友的帮助与支持，特此致谢：天津市问津书院；中共保定市委黄建中；保定市莲池区商务局王保瑛；保定市文史学者景三郎；中共石家庄市委党校杨亚蒙；雄县住房和城乡建设局王东升；中共安新县委办公室杨红威、韩建勋；安新县白洋淀水天旅行社董事长刘贺军；河北师范大学商学院魏占杰；华东理工大学出版社刘军、牟小林。